PHP
Business Shinsho

定年まで待つな!

一生稼げる逆転のキャリア戦略

Makoto Naruke
成毛 眞

PHPビジネス新書

はじめに ——ミドルエイジの働き方は一つではない

先日、久々に、映画「社長」シリーズを観た。

現役世代の多くは知らないと思うので、説明すると、主演の森繁久彌《もりしげひさや》が社長役を務める1950~70年代の喜劇映画だ。『社長三代記』『社長太平記』『社長漫遊記』など、30本以上の作品があるのだが、1本観たらハマってしまい、思わずネットで中古DVDのシリーズをまとめ買いしてしまった。

何が面白いって、社長も社員もとにかくいい加減なのだ。昼の休憩時間が来る前にランチに行くし、終業時間の前から居酒屋で飲んだくれる社員までいる。三木《みき》のり平扮《へいふん》する営業部長に至っては仕事よりも宴会のために生きている。そのゆるい雰囲気がじつに心地よい。

あくまでフィクションではあるのだが、100%脚色されたわけではないはず。「高度経済成長期の前の日本は、けっこういい加減だったんだろうなぁ」と改めて感じたものだ。

それと同時に思ったのは、現代を生きるビジネスパーソンは、非常に窮屈な社会を生きているということである。

もし、いま、「社長」シリーズに出てくるようなことをしたら懲戒処分、最悪の場合はクビだろう。実際に、今年6月に、神戸市水道局の職員が、昼休み前に弁当を注文するために3分程度抜け出すことを、半年あまりの間に26回行なったため、半日の減給処分を受けた。また2月にも、神戸市役所の職員が、昼休み前にたびたび弁当を買いに行ったとして、停職1カ月の懲戒処分を受けたという。

これを糾弾《きゅうだん》する人は、「税金から給料をもらっている分際で何事だ！」と怒るのかもしれない。しかし、弁当屋が混まないうちに、早めに買いに行けば、それだけ時間が有効活用できる。減給や停職はちょっと気の毒な気もする。

これはほんの一例だが、いつしか、日本の職場は、あらゆる場面で働いている人を縛りつけ、窮屈にする傾向が強まっているようだ。「忖度《そんたく》」という言葉が流行《はや》ったのも、普段から会社や上司に気を遣いながら働かなければならない人が多いことも関係しているのだろう。

その結果、ビジネスパーソンの活力が失われている。とくに管理職世代である現在の40～50代の「ミドルエイジ」はその傾向が強いのではないか。

しかし、活力を失った状態で働いているようでは、これから日本が直面する厳しい時代を生きていくのは難しい。何より、楽しくもないはずだ。

そんな現代に生きるミドルエイジに活力を与えることはできないか。「無責任」というと言葉が悪いが、もう少し自由奔放に、面白おかしく生きることはできないか。そのための打開策を授けようというのが、本書を書いた目的だ。

最近なにかと「おっさん」という言葉を耳にする。いい意味でも悪い意味でも使われているようだが、窮屈で生きづらい社会で、おっさんの愉快さ、適当さが、再評価されたのではないか、と私は考えている。

ちなみに、クレージー映画（植木等《うえきひとし》や谷啓《たにけい》などのクレージーキャッツのメンバーが主演した喜劇映画）の代表作『ニッポン無責任時代』も1960年代の作品だが、植木等演じる平均《たいらひとし》という無責任男が登場する。平は会社にも行かず、ノラリクラリ立ち回りながら困難を楽々と乗り越える。クビにされても、転職先で出世していく。これからの時代、彼のように不思議だが柔軟性のあるタイプは重宝され、どこに転職しても上手くいくに違いない。

もちろん、平みたいな社員ばかりでも困るが、ミドルエイジがいまより自由で柔軟な働き方を意識すれば、国が進める「働き方改革」をするまでもなく、残業は勝手に減る。組織に流動性がもたらされ、若手が頭角を現すチャンスが増えるなど、組織の新陳代謝も促されるはずだ。ならば、アフターファイブを謳歌《おうか》するビジネスパーソンは、いまよりもっと増えるだろう。

江戸の文化文政時代だって、各人が自由でお気楽な働き方をしていたから、江戸や上方《かみがた》の文化が華やいだのだ。

では、具体的にどんな働き方をすれば、日本のミドルエイジは平のような無責任男になれるか。

簡単である。いまの仕事だけに執着しない、それだけだ。

いまはネット全盛の時代。定年を待たずに会社を飛び出しても、やり方しだいで、「ラクに稼ぐ」ことは十分できる。むしろ、「いまの会社にずっとお世話になる」という発想は危険だ。それはなぜかという理由と、その発想から抜け出すための具体的な手段は本書を読めばわかる。

拙著『40歳を過ぎたら、定時に帰りなさい』（PHPビジネス新書）では、転職をすすめていなかったが、最近はAIやゆとり世代などの台頭によって、社会が激変しようとしている。それに対応するには、転職も選択肢の一つに入れたほうがよいと考え、本書では転職を成功させるためのアドバイスもふんだんに盛り込んだ。

本書が、元気なミドルエイジを生み出す小さなきっかけになれば幸いである。

定年まで待つな！　一生稼げる逆転のキャリア戦略◉目次

第2章

スキルアップする暇があったら地方に飛び込め！ 一発逆転の転職術

第3章

語学は後回しでいい。さっさと海外で働いてしまえ

第4章

会社を辞められないなら、一つの趣味に全精力を傾けよ

第5章
勤めながらでもOK！超速で自分の会社を設立せよ

第6章 自分を縛りつける「壁」を壊して、賢く生きろ

第1章

老後に
野垂れ死にたく
なければ、一刻も早く
会社を去れ

■驚くほど危機感のないミドルエイジ

いまの40代、50代のいわゆる「ミドルエイジ」が高齢者になったとき、日本の見通しは暗い。そんなことは、いまさら、私が言う必要もないだろう。

あと20年もすれば、年金はいまよりも確実に減る。さらに、少子高齢化が進むことで、労働力人口が減り、年寄りばかりになり、経済の活力が失われてしまう。ただ、なんだかんだで何とかなるだろう――。そう楽観的に考えている人は、意外と多いのではないだろうか。

というのは、現在のミドルエイジは、60代、70代まで支払いが続くような住宅ローンを平気で組んだり、後先考えずに高価な車を買ったり、「経験値を積む」などといってぜいたくな外食をしたり……、と危機感があるとは思えないようなお金の使い方をしている人が少なくないからだ。

一方、資産運用をしているのかというと、何も考えずに、銀行の普通口座に貯めているか、定期預金に移しているだけ、という人が多い。私から見ると、自ら破滅に突き進んでいるとしか思えないのだが……。要は退職金頼みなのだ。

いまのままの感覚でミドルエイジが高齢者になったら、いったい、どれだけヤバいのか。

正しい危機感をもっていただくために、１００％確実に起こる未来について考えてみることにしよう。

■「人口の４割が高齢者」は１００％やってくる未来

今後、どんな天変地異が起ころうとも、日本に、１００％やってくる未来が、人口減少と少子高齢化だ。

２０４０年ごろには、ほとんどの団塊ジュニア世代が65歳以上となり、高齢人口がピークを迎える。国立社会保障・人口問題研究所によれば、２０４２年、65歳以上の高齢者は３９３５万人にも達するという。２０５３年には人口も１億人を下回ると予測されているから、人口の40％近くが高齢者になるという計算だ。

地方に行くと、その割合はさらに増える。秋田県に至っては、2045年に人口の50%以上が65歳以上の高齢者になると予測されている。

これがどれだけ恐ろしいことか、イメージできるだろうか。

先日、TV番組で、高齢化が進んでいる岡山県のとある町が紹介されていた。そこでは70代の高齢者がバスの運転手をしていて、若い運転手はいないという。介護福祉センターに行くと、60代の人が80代の高齢者の面倒を見ているのだが、60代の人も少し認知症があって、介護してもらうはずの80代が「今日、あの人来ないのだけれども」と騒いでいる……。という状況だったが、それでも、65歳以上の高齢者が人口に占める割合は約35%だという。

つまり、2042年の日本は、これをさらに上回る状況がやってくるというわけだ。

そうなったら、どうなるか。

コンビニやレストランはもちろんのこと、スポーツジムでも、原宿の洋服店でも、ディズニーランドでも、そこにいるのは高齢者ばかり。15~64歳の労働力人口も、2020年の約7406万人から、2042年には約5805万人と、1500万人以上も減るので、従業員も高齢者が増える。テキパキした接客など望むべくもないし、飲食店の注文間違いなど日常茶飯事になるだろう。

もっとも、病院と介護施設の惨状に比べたら、そんなものはマシかもしれない。高齢者が増える一方で、医師や看護師などは確実に減るから、診療が受けにくくなるのは間違いない。いまでさえ、病院に行くと何時間も待たされるのだから、そんな将来を考えるだけでウンザリしてしまう。

また、医師や看護師の高齢化も進むから、医療過誤や診断ミスの類《たぐい》も増える。

介護施設に至っては、すでに述べたような岡山県の比ではないほど、老老介護が進む。移民でも受け入れない限り、まともな介護サービスはもう受けられないと思ったほうがいいだろう。

■医療費５割負担が当たり前になる

このような悲惨な状況が予想できるわけだが、本当に恐ろしいのは何かといえば、

「お金」の問題である。

客観的に考えていくと、どう見積もっても、ミドルエイジは、この先、茨《いばら》の道を歩まざるをえない。

まずは年金と社会保険の問題だ。

現在の年金制度や健康保険の制度は、現役世代が保険料を払って高齢者を支える仕組みになっているが、これから現役世代が確実に減っていく。２０２０年の時点では、１人の高齢者を１・８７人の現役世代が支えている状況だが、これが２０４２年には高齢者１人を１・３４人の現役世代が支えることになる。２０５０年には１・２３人、２０６０年にはわずか１・１８人の現役世代で、１人の高齢者の面倒を見なければならない状況だ。

いまの40代が高齢者になるころには、年金の給付額は大幅に減るのは間違いない。

現行の制度のままでは現役世代がつぶれてしまうから、社会保険は持ちこたえられなくなる。そうなると、解決策は一つしかない。

高齢者への社会保険の給付を減らすことだ。

意外と見過ごされがちなのが、健康保険や介護保険を利用するときの自己負担割合である。

現在の医療費の負担割合は70歳までが３割、70〜74歳が２割（現役並み所得者は３割）、75歳以上が１割（同）だが、これにメスが入るのも避けられない。70歳までは５〜６割を負担、75歳以上も３〜４割を負担という未来は容易に想像できる。

前述したように、医師もヘルパーも不足するので、医療や介護サービスの費用そのものが上がる可能性も高い。医療や介護に従事する人材が現在の10分の１に減る可能性も高く、単純に考えて、医療費や介護サービスの費用が、現在の10倍ぐらいの金額になっても不思議ではない。

また、現在は高額療養費制度といって、医療費を一定額以上支払うと、申請すれば一定額以上支払った分を支給されるという制度があるが、これも縮小・廃止される可能性もある。そうなれば、病気がちな高齢者は、きわめて厳しい状況に追い込まれる。

国の介護保険制度も完全に逼迫《ひっぱく》している。

２０１８年８月、現役世代並みの所得がある高齢者が介護保険サービスを利用した場合、自己負担の割合が3割に引き上げられた。これからさらに自己負担の割合はアップするだろう。

■20％どころか30％も？　消費税が家計に大打撃を与える

そんな厳しい状況に拍車をかけるのは、増税だ。

2018年3月の時点で、国の借金は1087兆8130億円に膨れ上がっている。借金を返すにも、国の基本的な収支をあらわすプライマリーバランスはずっとマイナス（赤字）だから、減るどころか増える一方。いまでも返せないのに、今後は人口減によって、さらに税収が減るから、もはや生易しいやり方では返せまい。

いずれにしても、国として税金を上げるのは避けられないことだ。

そうなると、税収を上げるには、消費税の増税以外にはありえない。

所得税は、むろん上げられない。所得アップが期待できないなか、さらに税率を上げたら、多くの人が生活できなくなる。

では、法人税はどうか。ある政党は事あるごとに「法人税を上げろ」というが、仮に、いまの法人税を2倍にして、全国の企業が稼いだ金をすべて国が召し上げたとしても、税収の2割にしかならない。もともと、法人税は全税収のうちの１割程度なので、たいしたインパクトにならないのだ。

そう考えると、消費行動に比例し、税収アップも期待できる消費税を上げるのが、最も現実的となる。しかし、２０１９年10月に10％に上がる消費税を、10％から20％に上げるだけでもキツいが、実際には20％ではとても足りないだろうから、30％、40％に上がっても不思議ではない。

十分な収入や貯金がある人ならなんとかなるかもしれないが、そうでない人にとっては、大きな打撃となるだろう。

■インフレで、虎の子の貯金が一瞬で吹っ飛ぶ

さらに、もう一つ、50％ぐらいの可能性ではあるが、これが起きると多くの人を破滅

に追い込むことになる。インフレだ。

数年前から、日銀は、物価上昇率2％を目標に、ゆるやかなインフレを起こそうとしている。そのために金融緩和をして、市中のお金をジャブジャブ増やしているが、それでもインフレは起こっていない。

この状況を見ると、「これだけお金を増やしても起こらないのだから、もはやインフレは起こりえない」と主張されるかもしれないが、私はそうは思わない。

もはや、国の借金を返す唯一の方法は、インフレを起こすことしかないからだ。

インフレとは、物価が上がること、つまりお金自体の価値が下がることを意味する。

前述したように、日本は１０００兆円を超える膨大な借金を抱えているわけだが、お金の価値が下がれば、借金も目減りするので、返済しやすくなる。わかりやすく単純な話にすると、日本円の価値がいまの１００分の１になれば、借金は10兆円ほどの価値になる。

だから、日本政府は、何らかのきっかけで、インフレが起きれば、それを全力で後押しするだろう。たとえ、景気が低迷しているのに物価が上昇する、悪性のインフレ（スタグフレーション）だったとしても、である。

するとモノの値段はどんどん上がっていくのに、給料は上がらないので、次第に生活は苦しくなる。まして、定年退職後に銀行預金に頼っている状況だとしたら、より深刻だ。銀行預金はインフレによる物価上昇に応じて多少金利は上がったとしても、預金自体は増えることがないので、実質、預金はどんどん目減りしていく。銀行預金が枯渇《こかつ》したら、その後の人生はわずかな年金に頼るしかない。老人ホームに入ることなど、夢のまた夢だ。

毎年２％程度のゆるやかなインフレならまだいいが、年率数十、数百％にも及ぶハイパーインフレが起きたとしたら、虎の子の銀行預金は一瞬にして紙くず同然になる。そうなれば、人生はジ・エンドだ。

■子どもをつぶすか、自分が野垂れ死ぬか

こうした経済環境の変化を勘案すると、残念ながら、次のような未来が予想できる。

それは、「老後に潤沢な資金をもっていなければ、リアルに野垂《のた》れ死ぬ」ということだ。

お金がなければ、医療や介護サービスをろくに受けられなくなる。それどころか、日々の食事や生活必需品にも困ることになるだろう。

もはや、日本政府に国民を助けられるような余力はないから、生活保護もあてにはできない。そうなれば、あとは家でじっと耐え忍ぶしかない。そのまま孤独死する人は、非常に増えるだろう。

ここ何年かで、本当に野垂れ死ぬ高齢者が増えているが、それとは比べものにならないレベルで増えるに違いない。

「そんなのは自分には無縁の世界だ」と思っていないだろうか。

しかし、これは他人事《ひとごと》ではない。あなたの身にも降りかかる可能性は十分高いからだ。

老後まではまだ時間があると思っているかもしれないが、私の経験からいっても、40代以降の人生はあっという間だ。仕事に子育てにプライベートとやることが増え、10代のときと比べると10倍ぐらいのスピードで時間が進んでいく。子どもが中学校に入学するあたりで「昨日生まれたばかりだったのに」なんて夫婦で語り合っていたと思ったら、さらに猛スピードで時が過ぎ、気付いたときには子どもが大学生に。ハッと気がついたら、60歳を迎えているといった状況だ。

忙しさにかまけて、老後の資金をまともに準備しておかなければ、寂しすぎる末路が待ち受けている。

老後は、わが子に援助してもらうという手もあるが、子どもはただでさえ高額な社会保険料や税金を支払っている状況にある。子どものお財布に期待していたら、共倒れになってしまうだろう。手塩にかけて育てた子をつぶすか、自分だけひっそり野垂れ死ぬか。お金がなければ、究極の選択を迫られることになるだろう。

このまま漫然と老後を迎えれば、その先には地獄が待っている。そうならないためには、いまのうちから手を打つことが必要だ。

その１つは、稼いだお金を貯めて、それを資産運用に回すこと。株や投資信託などに投資をしておけば、インフレに連動して価値が上がるので、インフレが来ても対応できる。

資産運用も大事だが、最も重要なのは、お金を稼げる自分であり続けることだ。60代になっても70代になっても稼ぐことができれば、社会保険に頼らなくても、インフレが来ても、食いっぱぐれることはない。

■10代がマジでヤバい！ ゆとり最強説

もっとも、これからの世の中にあって、お金を稼げる自分であり続けるのは難しい。少なくとも、いまの職場で、目の前の仕事に追われていたら、定年前に仕事を失い、路頭に迷うことになる……。そんな悲劇に見舞われる人が、たくさん出てくる、と私は見ている。

その理由は何か。最近よくいわれるのが、AI（人工知能）の登場だ。ホワイトカラーの仕事の大半は、近い将来AIに代替されるといわれる。

ここ10～20年に関していえば、AIはホワイトカラーの仕事を奪うまでには至らないかもしれないが、近年のテクノロジーの進歩のスピードをなめないほうがいい。気付いたら、ＲＰＡ（ロボティック・プロセス・オートメーション）なんて技術も一般化されているわけだし、ＡＩもそのうち、あなたの同僚になる、そんな未来は想像に難くない。

ＡＩよりももっと脅威《きょうい》となる存在がいる。それは、これから入社してくる20代の新入社員だ。

スポーツ界だけでも、メジャーリーグの大谷翔平《おおたにしょうへい》、フィギュアスケートの羽生結弦《はにゅうゆづる》、水泳の池江璃花子《いけえりかこ》、陸上の１００ｍ日本記録保持者の桐生祥秀《きりゅうよしひで》と枚挙にいとまがない。「天才」と呼ばれるような小中学生は、14歳２か月で史上最年少プロ棋士になった藤井《ふじい》聡太《そうた》だけではない。宅建（宅地建物取引士）に合格した12歳や、小学生で起業した強者《つわもの》もいる。

このように、近年、各界で、少年漫画のような活躍をしている優れた日本人が、次々と現れている。

彼らに共通しているのは、１９８７～２００４年のあいだに生まれた、「ゆとり教育」を受けた世代だということだ。

ゆとり教育は、「子どもを甘やかすだけ」などとさんざん酷評され、ついに国も「脱ゆとり教育」を打ち出したが、育った子どもたちを見ると、屈託《くったく》がなく、常識にとらわれずに物事を考えられる人が明らかに増えている。

これはおそらく、戦前から始まり、戦後になっても続いていた、旧来の義務教育などでスポイルされていないためだろう。

ご存じのように、旧来の義務教育は、教条主義的で、教科書に書いてあることに対して、子どもが何か疑問を覚えたとしても、「つべこべ言わずに、そう覚えればいいんだ」と詰め込みを強要してきた。「利根川の支流の名前を覚えろ」「化学記号を暗記しろ」みたいな、無理に覚えなくてもよいことばかり覚えさせてきた。

「努力とは嫌なことに取り組むこと」とばかりに、短所の克服に時間が割《さ》かれる一方で、考える時間を奪ってきたために、子どもの個性や独創性は育《はぐく》まれなかった。「好きなこと」に熱中する時間は、努力とは見なされなかったのだ。

しかし、ゆとり教育では、知識の詰め込みをやめて、自分の得意なことに打ち込み、個性を伸ばすよう、子どもたちを意識的に導いてきた。

その結果、個の力を引き出すことに成功し、大谷翔平をはじめとする天才の輩出につながっているのである。

ちなみに、日本では再びゆとり教育をやめる方向に舵《かじ》を切っているが、愚の骨頂だ。


さて、この「ゆとり最強説」は、会社でも同じことがいえると私は思う。今後、ゆとり教育を受けた世代のなかから、常識にとらわれない柔軟な思考をもった人材が次々と登場することは間違いない。

すると、会社に入ったばかりの新入社員より、40代のほうが仕事ができないということが珍しくなくなる。いまの40代以上の人たちは、もはや若い世代の足を引っ張るだけになり、定年まで持たずに駆逐される人も続出するだろう。

さらにいえば、ゆとり世代の次の世代、いまの10代はより脅威といえる。藤井聡太と同じ世代か、少し下の世代だ。いまの20代は物心つくころに携帯電話やスマホが出てきた程度だが、いまの10代は生まれたときからあらゆる「文明の利器」に囲まれて育っている。

彼らは中学校の技術の授業で、３Ｄプリンターや CAD ソフトを使ってものづくりをしている。ごく当たり前のように最新技術に慣れ親しんでいる世代だ。そんな子どもが大人になるころには、技術革新のスピードは日進月歩どころではなくなるだろう。いまの20代、30代もあっという間に追い抜かれる可能性がある。

あなたは、そのスピードについていけるだろうか。

■20年後の職場環境は「別世界」

ゆとり世代に加えて、ミドルエイジの脅威となるのは、ＡＩの登場だ。

「失われた20年」という言葉がある。しかし、じつはこの期間は、それほど世の中は変わっていない。人口はそれほど増減していないし、洋服のトレンドも街の風景も、そこまで大きくは変わっていない。テクノロジーにしても、目を瞠《みは》るような変化は見られなかった。

それは「失われる」前の世代が、変わらず第一線で働き続けていたからだ。実際、出世するタイプも、マネジメントのスタイルも、この20年で大きくは変わらなかった。

しかし、これからの20年は確実に変わる。ＡＩなどの最新テクノロジーがありとあらゆる分野にガッツリ入りこんでくることで、業界や仕事の内容は一変する。激変の20年どころか、「別世界」に行く20年というぐらいに職場環境は一変するだろう。

自動車業界を見ても、ＥＶ（電気自動車）に完全移行するのは時間の問題だ。

中国はすでにＥＶで世界の最先端を走っていて、北京ではＥＶのバスが当たり前のように街を走っているし、欧米もＥＶへの移行を進めている。

そうした状況を見て、少し前まで水素自動車を必要視していたトヨタ自動車も、ＥＶに舵を切った。これから10年間でＥＶ用の燃料電池の開発に多額の研究開発費を投資するという。

これは何を意味するかというと、いままでトヨタでエンジンやトランスミッション、シャシ（自動車の車台）などを開発していた人たちは、仕事がなくなるということだ。

ＥＶシフトに伴い、新たな仕事が生まれるともいわれるが、楽観視はできないだろう。ガソリン車の開発をしていた人が「僕たちも電気自動車をやります」と主張しても、「どうせ物性物理を知らないんでしょ？」と言われ、門前払いを食らうのである。

海外のメーカーに活路を求めようとしたところで、中国はおろか、インドも、環境汚染問題を解決するために、日本よりはるかにＥＶ路線を突き進んでいるから、働く場がない。

つまり、ＥＶ化によって、自動車メーカーでは職を失う人が大量に発生するというわけだ。いままで天下のトヨタにいたエリート社員が、あっという間にリストラ候補生となるかもしれない。また、その下請けの部品メーカーでも、仕事がなくなる人が大勢生まれるのは間違いないだろう。

仕事がなくなるのは、完成品メーカーや部品メーカーだけでなく、自動車関連事業で稼ぐ人たちもそうだ。ＥＶになると、バッテリーを取り替えれば、ガソリン車よりも長期間乗れるので、車を買い換える人が少なくなる。中古車仲介業者はかなり淘汰《とうた》されるだろう。自動車修理工場やガソリンスタンドも仕事がなくなる。

このような変化は、自動車業界だけでなく、どの業界でも同様に起こるだろう。あなたも、ＡＩなどのテクノロジーに仕事を奪われ、失業する可能性は十分考えられる。

■大企業の社長になれるのは1500分の1の確率

「自分は大企業にいるから大丈夫。なんとか定年まで逃げ切れる」と思っている人がいるかもしれないが、世の中、そんなに甘くない。

仮にいま順調だとしても、この先会社で出世するために、自分の人生を会社に捧げるようなことはおすすめしない。リスクが高すぎるからだ。

大企業で働いている人は、役員クラスにまで昇りつめれば、さすがに将来は安泰だが、そうなれる確率はどのぐらいあるのか。冷静に計算してみると、予想以上に低いことに気付くはずだ。

社長に至っては5年に１人ぐらいしか出ないから、毎年３００名が入社する会社で、自分が入社した前後5年間の社員から選ばれるとしても、確率は１５００分の１。役員なら2年に１人ぐらいは出ると思うが、それでも６００分の１。ドリームジャンボ宝くじで300円が当たるよりも低い確率だ。そんなわずかな可能性に自分の人生を賭《か》けるのは、きわめてリスキーといえる。

宝くじに当たらず、部長レベルでとどまっていたら、55歳前後に行なわれる役職定年によって、役職を失い、給料も減る。このとき、リストラにあっても不思議ではない。

また一つの会社でしか働いていたことがないと、他の会社では通用しにくくなる。だから、再就職先もなかなか見つかりにくい。それまで、さまざまなことを犠牲にして会社に尽くしてきたのに、こんな末路をたどる可能性は決して低くないのである。

■早期退職制度は大チャンス！　なんとしても掴み取れ

では、ミドルエイジがこの先、お金を稼ぎ続けるにはどうしたらよいのか。

答えは単純明快だ。

「いまの会社をとっととと辞めて、長い間、稼ぎ続けられる職場を見つけ出す」ことだ。

「会社を辞める」ことを強くすすめる理由の一つは、いま、退職金をもらわないと、損をするからだ。

そもそも退職金とは、戦後まもなく、社員に十分な給料が払えなかったために、「あとで払うから」と支払いを先延ばしした制度だ。できるだけ長く働いてもらうために、退職金に対する課税は、勤続20年未満と20年以上では控除額が異なっている。勤続20年未満では年40万円、20年を超える分については、年70万円の所得控除が受けられる。

しかし、今年になって、この制度の見直しが検討されている。国も、終身雇用から転職支援へと制度を変えようとしているわけだ。

さらに、インフレ局面に入れば、退職金の金額がインフレに対応して上がらない限り、退職金の価値は目減りする。

たとえば、いま40歳とした場合、60歳までの20年間、年率２％ずつインフレが起きると仮定しよう。単純計算すると、２％×20年だから、20年で40％のインフレが起こることになる。もし、退職金が３０００万円だとして、20年後も金額が変わらなかったとしたら、退職金の実質的な価値は３０００万円×60％だから、１８００万円になる。もちろんそこから、さらに税金が引かれる。

しかし、もしいま会社を辞めたとして、退職金を半額の1500万円もらえて、これをインフレに連動する年利2％の金融商品で運用したとしたら、1500万円×140％で、20年後には2100万円になる。これは単利で計算した場合で複利になると2229万円となる。

実際、毎年2％のインフレが起こるなら、きわめて安全性の高い投資信託でも、年利は3～4％にはなるだろうから、単純に計算すると、20年間で換算すれば60～80％は増えるはず。そうなれば、1500万円の退職金は、2400万円～2700万円ぐらいにはなる。60歳の時点で比べても、退職のタイミングの違いで1000万円近い差がついてしまう。さらに運用し続ければ、その差はさらに開くというわけだ。

このように考えていくと、いま、退職せずに会社に居続けても損をするということが、誰でもわかるだろう。

三越伊勢丹HDは早期退職者の「退職金を加算する対象」を部長職で50歳から48歳に引き下げ、最大5000万円を上乗せする退職金制度を導入した。ずいぶん思い切った判断だと思うが、先ほどの理屈で考えると、自分が該当者なら迷わず手を挙げるのが賢明であろう。

いまは企業がお金をためこんでいて、内部留保が大きいので、早期退職制度がある企業なら、多額の退職金をもらえるはずだ。そのお金をもらい、金融商品で運用すれば、比較的リスクの低いものを選んでも、60歳までにまとまった金額が手に入る。

早期退職制度が自社で導入されたら、「ついに大鉈《おおなた》が振るわれた」と怯《おび》えて待つのではなく、チャンスとばかりに積極的に活用すべきだ。

「自分なんて、いまの会社を辞めたら、これ以上の会社には行けない」と思っているかもしれないが、そんなに自分を卑下《ひげ》することはない。

これまで、社内政治ばかり一生懸命やっていて、無能なまま年齢だけ重ねてきた人はともかく、それなりに会社で頑張ってきた人なら、ポイントさえ押さえれば、いまよりも好条件の職場を見つけることができる、と私は考えている。

そのポイントとは何か。キーワードは「地方」と「海外」だ。

詳しくは、第2章以降で話していこう。

第2章

スキルアップする暇があったら地方に飛び込め！

一発逆転の転職術

■社会人の「学び直し」はほとんど無意味

ミドルエイジはいますぐに転職すべきだ。30代でも40代でも十分にチャンスはある。良い職場を見つけることができる――。

第1章ではそんな話をしたけれども、それを聞いて、「世間はそんなに甘くない」と懐疑的な見方をする人もいるだろう。あるいは、「まだまだ自分は実力不足。もう少し実力をつけてから転職しよう」と考える人もいるかもしれない。

おそらく、そう話す人の大半が取り組むのは、「学び直し」ではないだろうか。資格を取得するための学校に通う、ビジネススクールに通う、スキルアップのためのセミナーに参加する……。こうして、仕事を離れて、社外で何かを学ぶわけだ。

最近は、「人生100年時代を生き抜くためには、社会人も『学び直し』が必要だ」とメディアで盛んに言われている。安倍政権も社会人の学び直しの支援に力を入れるという。何らかの勉強を始めるビジネスパーソンは、これまで以上に増えるに違いない。

しかし、私は、いたずらに学び直す必要などないと断言する。少なくとも転職をするための学び直しは、ほとんど無意味といっていい。

何を学び直そうが、転職にはまったく役に立たないからだ。

■ＭＢＡを取って成功した起業家はいない

無意味な学び直しの最たるものが、「国内ＭＢＡ」。働きながら、日本の大学などが運営するビジネススクールに通って、経営学修士を取得しようというものだ。

なぜ無意味かといえば、世界的に見ても、成功した起業家で、ＭＢＡホルダーはほとんどいないからだ。

マイクロソフトのビル・ゲイツ、アップルのスティーブ・ジョブズ、フェイスブックのマーク・ザッカーバーグ、アマゾンのジェフ・ベゾス、アリババのジャック・マー、テスラのイーロン・マスク……。一人もＭＢＡホルダーではない。グーグル元ＣＥＯのエリック・シュミットもビジネススクールには行ってないし、セルゲイ・ブリンは、一応ホルダーではあるが、ビジネススクールに通ったのではなく、名誉MBAを与えられただけだ。

ビジネススクールでは、経営戦略、マーケティング、ファイナンスなどを学ぶわけだが、この名だたる起業家・経営者たちのなかで、それを必要だと考えて、学びに行った人は一人もいないというわけだ。この事実だけでも、私はビジネススクールで学ぶことの必要性を感じない。

論理的思考やフレームワークを使った分析のようなビジネススキルにしても、ほかの人との差別化にはまったくつながらないし、現場でも大して役に立たない。

スキルなどというのは、所詮《しょせん》、世の中がつくった幻想にすぎないのである。

そんな幻想を求めて、ミドルエイジがわざわざ限りある時間を費やして、ビジネススクールに通うのは、じつにもったいないことだ。

かつて私は国内のビジネススクールで教鞭をとっていたが、講義の後に、希望する学生と連れ立って飲みに行くと、「MBAなんて、役に立たない」と伝えていた。とまどっていた学生も、何週間か後にまた飲みに行くと、「成毛さんの言う通りかもしれません。ＭＢＡをとれば、なんとかなると思っていましたけど、なんともならないですね」と言っていたものだ。

学生たちは、数百万円の学費を払い、睡眠時間を削ってＭＢＡに臨んでいるが、じつは、「学位取得」という知的趣味を楽しんでいるのである。

もちろん、趣味で通いたいというならまったく反対はしないが、転職に有利になるわけでもないし、仕事にも大して役に立たないということは覚悟しておいたほうがいい。

「ビジネススクールに通う意義は、そこで学ぶ知識ではない。共に学んだ学友との絆ができ、人脈が広がること」と言う人もいる。たしかに、ビジネススクールに通えば、友達はできるかもしれないし、海外に行けば、多様な国の人とつながりができるかもしれない。

しかし、国内のビジネススクールに通ったところで、できるつながりは日本人だけだ。それなら、わざわざ通わなくても、気の利いたバーや飲み屋に通って常連になれば、同じように、友達は見つかると思う。しかも、安いし、時間も短くて済むし、それなりの店なら、ビジネスの第一線で活躍しているような人と知り合うことも珍しくない。そう考えれば、ますますスクールに通う必然性はなくなってくるだろう。

■「この3000人から起業家は1人も出ない」

国内MBAと同様に、行っても無意味だと思うのは、さまざまなビジネスセミナーだ。

営業から人材育成、最新テクノロジーまで、ありとあらゆる分野のセミナーが各地で開催されているが、それを受講したことで、どれだけビジネスの能力が上がったか、冷静に振り返ってみてほしい。

本人からすれば意味があったと思いたいだろうが、実際にはほとんど仕事に役立っていないのではないだろうか。毎週のように忙《せわ》しなくどこかのセミナーに顔を出すようなセミナーマニアの人などは、ただの暇人としか思えない。

私もそうしたセミナーの講師に呼ばれることがあるのだが、受講生が「先週はこの先生の授業を受講しました」などと話しているのを聞くと、頭が痛くなってしまう。

ムダだと思っているのは私だけではない。

以前、ビル・ゲイツと、ヴァージングループ創業者のリチャード・ブランソンが、ある起業セミナーに登壇したことがある。その楽屋に居合わせたのだが、ビルが「おい、今日は何がテーマなの？」と聞くので、「起業セミナーなんだってさ」というと、ビルとブランソンが爆笑していた。「参加者は３０００人いる」と伝えると、もう大爆笑。

なんで笑っているのかと聞くと、

「いやあ、この３０００人から起業家は１人も出ないよな」

「起業のために人の話を聞きに来るなんて頭が悪い」

「こんなムダな時間の使い方をするヤツが成功するなら、俺は逆立ちしてやるぞ」

と言いたい放題だった。

これを聞いて、あなたはどう思うだろうか。

最近は、「オンラインサロン」といって、著名人のもとに集まるコミュニティのようなものもたくさん出てきているようだが、そんなものに入会したところで、活躍できる人にはなれないと思う。

ビジネススクールも、セミナーも、オンラインサロンも、すべてに共通するのは、結局は、何もしていないのに、何かしているように錯覚してしまうことだ。

そこで何か得たものを生かして、起業したり、新規事業を始めたりするなら、行った意味があるかもしれないが、そういう人は滅多にいない。大抵の場合は、セミナーに参加して悦に入り、帰り道に一杯ひっかけて、翌朝何も変化をしていない自分と再会するだけだ。

何のアウトプットにもつながらないのなら、時間のムダである。

私が思うに、この手のタイプの人は、マゾなのではないかと思う。「人から刺激を受けたい」などといって、成功者といわれている人の話を聞くことで、いかに自分が間抜けで平凡な人間なのかを痛感する。そうやって、精神的に殴られることが快感なのではないだろうか。その快感が気持ちよくて仕方ないなら止めはしないが、残念ながら、永遠にお金を生み出せる人間にはなれないだろう。

私などはショックを受けやすいタイプだから、自分よりデキると思われる人のセミナーには絶対に足を運ばない。逆にやる気を失い、何もする気が起きなくなるので、むしろ危険だ。

世の中のセミナーなどというのは、所詮、参加者を食い物にしているにすぎないということを、そろそろ自覚したほうがいい。

あと５〜10年で士業は全滅する

学び直しといえば、「資格取得」をめざす人も多いと思うが、これもまた、無意味な学び直しの代表格といっていい。

士業をめざしているなら、大半のものはやめたほうがいい。何十年も営業をやっていて、突然、公認会計士や弁護士をめざすという人が周りにいたら、全力で止めるべきだ。

あらゆる士業があと５〜10年でほぼ全滅するからだ。会計士や弁護士は一部の人がかろうじて生き残れるかもしれないが、司法書士や税理士は全滅する、と私は見ている。行政書士も通関士も厳しいだろう。

なぜかといえば、皆、システムにとって代わられてしまうからだ。

エストニアの例を見れば、それは明らかだ。

エストニアとは旧ソビエト連邦の一部だった、ロシアの西端に接している国だ。人口132万人にも満たない小国だが、世界最先端のＩＴ国家として知られている。

この国の驚くべきことは、税理士や会計士が一人もいないということだ。

エストニアでは、行政だけでなく、学校、警察、病院、さらには銀行や民間企業までが一つのシステムでつながっていて、あらゆるサービスが電子化されている。つまり、法人や個人の銀行口座はすべて政府のシステムに紐づけされていて、収入や支出などの動きは、すべて政府が把握しているので、あらたまって、煩雑な税務申告をする必要がない。

納税するときは、オンラインで納税の画面を出し、必要なところだけチェックして、「納税」というボタンをクリックするだけだ。したがって、税理士は必要ないのである。

オンラインで簡単にできてしまうのは、税務申告だけではない。

行政サービスに至っては99％オンラインで手続き可能だ。株式会社の設立までオンラインで、国外からでも申請できてしまう。だから、その他の士業も必要なくなっているのである。

「小さな国だからできるんでしょ」と思うかもしれないが、お隣の中国は約14億人もの国民を２０２０年までに一つのシステムで管理しようと動き出しているし、すでにアリペイというスマホ決済システムで、税金の支払いなどは簡単に済む。中国がエストニアのような電子国家になるのは時間の問題だ。

おそらく日本は世界の最先端の動きについていけず、他の国に追随する形になるだろうが、それでも、いずれ、さまざまな行政手続きがオンラインで簡単にできるようになるだろう。そうなると、士業など要らなくなるのは明らかである。にもかかわらず、いまさら税理士などの資格を取得しても、その苦労は水泡《すいほう》に帰すだけだ。

余談だが、最近は歯医者も、近い将来、生活保護が大量に発生する職種といわれている。治療技術があまりにも進みすぎてしまったために、かつては何度も通わなくてはいけなかったものが、いまや、虫歯はたった3種類の薬剤を塗布するだけで、一発で治ってしまうからだ。

また、車検も、かつては一週間ぐらい預けておかないといけなかったのが、3時間で終わるようになってしまった。だから、自動車整備工場も昔ほど仕事がなくなろうとしている。

要するに、どの分野でも、テクノロジーが発達したので、煩雑な作業がなくなり、人手がいらなくなっているのである。仕事を失う人、なくなる職種は今後ますます増えていくことだろう。

■プライドを捨てて、ダウングレードせよ

MBAも資格取得も意味がないとしたら、転職時にアピールできることは、これまでの仕事の実績ということになる。自分には大した仕事の実績もないから、何をアピールすればいいかわからない。そう悩む人は多いだろう。

しかし、悩む必要はまったくない。大した実績などなくても、転職に成功することは

十分可能だからだ。

その方法は至極簡単なこと。仕事を「ダウングレード」すればいいのである。

具体的に言えば、いま勤めている会社より、規模の小さな会社、都心ではなく地方の会社に、あえて狙いを定めて、転職するのである。

おすすめは、経営者が年老いていて、若い後継者どころか、中堅社員がほとんどいないような会社だ。地方でよくみかける中小企業である。

２０１７年度「中小企業白書」によれば、今後10年のあいだに、70歳を超える中小企業・小規模事業者の経営者は約２４５万人となり、そのうち約半数（日本企業全体では約３割）の１２７万社もの企業が、現時点で後継者が決まっていないという。

こういう会社は、後継者、あるいは番頭になってくれるようなミドルエイジをのどから手が出るほど求めている。そうした会社を狙って転職すればよいのである。

このように聞くと、これまで東京の一流企業と呼ばれる会社で働いていた人は、「冗談じゃない」と思うかもしれない。自分にだってプライドはある、「都落ち」なんて絶対したくない。気持ちはわかる。

しかし、こうした地方の中小企業への転職が、本当に「ダウングレード」だろうか。私はそうとは限らないと思う。それどころか、「アップグレード」になることも少なくないのだ。

後継者もミドルエイジもいないような会社は、赤字続きで、明日にも倒産するイメージがあるかもしれないが、現実はまったく違う。廃業する中小企業の5割は黒字経営で、後継者がいないために、やむなくつぶれているのである。じつに残念でもったいない会社なのだ。

もともと黒字だったということは、消費者ニーズをしっかり掴《つか》んでいて、かつ経営も上手くいっていた可能性が高い。このようなダイヤモンドの原石ともいえる会社に転職し、残された経営資源やブランドをフル活用すれば、地方の超優良企業に復活させることができるかもしれない。まさにシンデレラストーリーではないか。

地方には従業員が10名、20名の優良企業も多く、大企業に勤めていた人からすれば、経営への距離がぐっと近くなる。そこで出世して、経営陣に加われば、50代になっても60代になっても働く場を確保できるのだ。

大企業にいたままでは、50歳を過ぎても大した役職がもらえず、50歳半ばで役職定年を迎え、閑職に追いやられるかもしれない。定年まで居続けたとしても、その先は保証されない。それと比べたら、地方の中小企業で勝負をしたほうが、未来に希望を抱ける。

企業経営なんて自分にはできないと思うかもしれないが、最近は無料で経営指導してくれる自治体も増えている。とくに地方自治体は税収を確保するために必死だから、地元企業に入り、立て直しを図ろうとする意識の高いビジネスパーソンがいたら、喜んで全面サポートするだろう。そうした支援を上手に活用すれば、「素人経営者」でも十分やっていけるはずだ。

■大きなポテンシャルを秘めた地方の温泉旅館を狙う

業種でいえば、「温泉旅館」は、まだまだ成長できるポテンシャルをもっているところが少なくない。

その代表例が、鶴巻温泉（神奈川県秦野《はだの》市）にある老舗《しにせ》旅館「元湯《もとゆ》 陣屋《じんや》」だ。

大正時代に創業した老舗旅館だが、箱根や湯河原といった観光地から遠いうえ、経営努力も足りなかったことから、7年前には、経営不振で、年商は3億円に満たず、10億円の借金を抱えてしまう。まさに倒産寸前の経営危機に瀕《ひん》していた。

しかし、先代から経営を引き継いだ4代目の宮﨑富夫《みやざきとみお》社長（現在はティラド社長）が奥さんの知子《ともこ》さんと二人三脚で経営改革を断行したところ、事態は好転した。

元ホンダのエンジニアである宮﨑氏が始めに取り組んだのが、旅館業務のシステム化だった。予約や売上はもちろん、味の好みやアレルギーなどの顧客情報や、お出迎えや清掃の状況なども管理できるソフトを導入。すべての従業員が、そうした情報を、調理場に置いた大画面モニターや携帯するタブレット端末で確認しながら行動することで、顧客サービスの向上や経営効率化を図った。

こうして徹底的にムダを省いたことで、従業員が料理や施設の整備などにも力を注げるようになり、客足も戻ってきた。また、旅館管理ソフトを他の旅館に売ることで、新たな収入源もできた（2012年に陣屋コネクトとして創業）。その結果、昨年（2017年）には、グループ全体の年商が7億2600万円と、わずか7年で2・5倍以上に伸びたそうだ。

ちなみに、陣屋では同時に「働き方改革」まで行なっている。従業員にしっかり休息をとってもらい、質のいいサービスを維持するために、月〜水曜日の宿泊をとりやめているのだ。従業員をクビにすることなく、年商をここまで増やしているのだから大したものである。結果、正社員の平均年収は２８８万円から約４００万円に増え、33％もあった離職率も３％まで下がったという。

インバウンド客も増え続けている昨今、陣屋のように成長できるポテンシャルを秘めた温泉旅館は、まだまだ地方に埋もれているに違いない。

私が知るなかで、狙い目は「熱海の温泉旅館」だ。ご存じの通り、熱海はかつて新婚旅行のメッカだった温泉街であり、一時は廃《すた》れていたが、近年は若い起業家などがビジネスを始め、再び街が活性化しつつある。

山奥ならともかく、東京から新幹線に乗って1時間以内で行ける熱海なら、抵抗感のない人もいるだろうし、やろうと思えば、東京から通うことも可能だ。

また、東京でありながら豊かな大自然をもつ、奥多摩あたりの温泉旅館も注目していいだろう。あまり知られていないが、奥多摩周辺には温泉宿や日帰り温泉がたくさんある。蛇《じゃ》の湯温泉（西多摩郡檜原村数馬《ひのはらむらかずま》）や河辺《かわべ》温泉（青梅《おうめ》市河辺町）など、すでに知る人ぞ知る人気施設もあるが、これらのなかに、さらに発展できるポテンシャルをもつ施設は少なくない。

ところが、多くの旅館や温泉街は、そのチャンスを活かしきれていないし、将来、事業承継も可能なミドル層の人材が不足している。こうしたところに、これまでさまざまな経験を積んだミドルエイジが行けば、すごく重宝される。場合によっては、将来、事業承継をして、経営者になれる可能性もあるだろう。

また、顧客の気持ちを先回りして汲み取る能力、あるいはユーザーエクスペリエンス（体験）を最優先して考える能力は、男性に比べて女性のほうが長《た》けている。女性経営者がつぶれかかった旅館を再生する事例は今後増えていくはずだ。

■宝の持ち腐れな「造り酒屋」に入り込め

業種でいえば、「造り酒屋」も大きな可能性を秘めている。

すでにブレイクしているが、「獺祭《だっさい》」で有名な山口県岩国《いわくに》市の旭《あさひ》酒造は、もともとはどこにでもあるような普通の造り酒屋だった。それどころか、倒産寸前になっていた時期もある。そこから、純米大吟醸の「獺祭」で勝負をかけて、大成功。いまやニューヨークや香港、台湾など海外市場も開拓しており、２０１７年の売上高は１１９億円を超えた。

２０１８年初夏の豪雨によって大きな被害を受けたようだが、多くのファンがついているので、すぐに立ち直るだろう。

ただ、「獺祭」自体がそこまでおいしいかというと、ほかにもおいしい日本酒はある。ところが、「持ち味」を自覚していない酒蔵は多い。マーケティングなどで、そのポテンシャルを生かし切れれば、地方の隠れた酒蔵もブレイクできるはずだ。

個人的にもったいないと思っているのは、福島県の会津美里町《あいづみさとまち》にある白井《しらい》酒造店だ。東京電力福島第１原子力発電所事故による避難指示が解除された福島県楢葉《ならは》町産のコメを使った日本酒「楢葉の風」を醸造する酒蔵で、元サッカー日本代表選手、中田英寿氏も注目している。

私は日本酒があまり好きではないのだが、ここの「風が吹く」という酒だけは目がなくて、行きつけの焼き鳥屋に行くと必ず頼む。人気の銘柄だけにこのところ転売屋が買い占めに走ることから、その焼き鳥屋も必死に仕入れて、半年分を冷蔵庫に入れておくそうだ。しかし、当の酒蔵は、商売っ気がないのか、増産しないし、一升瓶を3000円くらいで売っている。とくにマーケティングをしている様子もない。

余計なお世話かもしれないが、インスタ映えするラベルにしたり、クラフトビールが飲めるような店で試飲イベントを催すなど、さまざまな手を打てば、もっと売れるし、メチャクチャ儲かると思う。

本書の担当編集者が手土産で持参した、「豊洲《とよす》蜂蜜《はちみつ》エール（豊洲 Honey ALE）」も面白い商品だ。豊洲商友会（豊洲の商店街）が開発したご当地ビールで、なんでも豊洲駅前のビルの屋上で採れた蜂蜜を使用しているそうだ。ラベルがオシャレなだけでなく、蜂蜜をベースにした味わいで、他のクラフトビールと差別化できている。商店街の飲食店でも販売しているという。まさにアイデア勝ちの好例だろう。

地方にはほかにも、つぶれそうだけれども立て直せそうな造り酒屋がたくさんある。大手酒造メーカー向けにお酒をＯＥＭ（相手先ブランド名製造）する下請け仕事が大部分なのだが、細々と自社ブランドの酒を出していたりする。六角精児《ろっかくせいじ》さんが全国の電車に乗って酒を楽しむ、ＮＨＫの『呑《の》み鉄本線・日本旅』を見ていると、そうした酒蔵が出てくるので、案外、良い転職先が見つかるかもしれない。

■食べ物はビジネス次第で大化けする

また、地方の「食品メーカー」のなかにも、大きな成長の可能性を秘めた企業がある。

たとえば、宮城県石巻市《いしのまきし》の木の屋《きのや》石巻水産。この会社は、東日本大震災で工場が全壊し、津波で商品のサバ缶が泥に埋まってしまったが、東京・世田谷の商店街に運び、洗って売ったら、22万個も売れたという。

ただし、このサバ缶が売れたのはたんに復興支援の商品だったからだけではなく、そもそもすごく味が良かったからだ。すでに日本では売れているが、東南アジアなどに売りに行けば、もっと売れることは間違いない。

食べ物は、ビジネス次第で大化けする。最近だとかき氷が典型例だろう。とくに栃木がすごい。「とちおとめ」「スカイベリー」など栃木産イチゴを使ったものや、日光の水を使用したかき氷が大人気で、若者を中心に栃木を訪れる人が後を絶たないという。

とくに用事がない限り、出向かないであろう地域に若者が次々と足を運ぶ。食べ物の力は偉大だと感じずにはいられない。また、絵面《えづら》だけでインパクトが出せるので、マスメディアやSNSに取り上げられやすいのもポイントであろう。

このように、商品力があるにもかかわらず、地元以外では、日の目を見ていない商品はいくらでもある。そういった商品を扱う会社に身を投じれば、千載一遇のチャンスが掴める可能性がある。その確率は、現在の会社に居続けるよりも断然高い、と私は思う。

■つぶれかけの老舗に勝機《チャンス》あり

帝国データバンクの調べでは、１００年以上の歴史をもつ企業の倒産・休廃業・解散は、２０１７年度だけでも、４６１件に上ったという。ほかにも、経営難で苦労している「倒産予備軍」の会社は全国にたくさんある。

そんなつぶれかけの会社には入りたくはないと思うかもしれないが、私は、こうした会社も転職先としては狙い目だと考えている。

多少経営が傾いていたとしても、１００年以上の歴史をもつ「老舗の会社」は価値があるからだ。とくに海外の人たちは、歴史がある会社を「信用できる会社」と評価する人が少なくない。１００年続いている会社は日本では珍しくないが、海外では少ないので、一目《いちもく》置かれるのである。

このような、つぶれかけの老舗に入って立て直すことができれば、いずれ経営を任される可能性が高い。そうなれば、あなたは大きなチャンスを手に入れることができる。歴史という強力な武器を使って、さまざまなビジネスが展開できるようになるからだ。商売替えをしたとしても、「ＳＩＮＣＥ１８５０」「江戸時代から続く」などとアピールできるのは、ビジネス面で大きなアドバンテージとなる。

また、老舗の会社は、歴史上の人物や出来事と所縁《ゆかり》があるケースが多い。かつて徳川家康が立ち寄ったお茶屋だったり、著名な浮世絵作家の作品が収蔵されていることも。新たに投資をしなくても自社をＰＲする宣伝効果につながるので、そういったコンテンツは有効に活用したい。

近い将来、起業家は日本の老舗に必ず目を付けるはずだ。その前に、転職して自分色に染めてしまえばいい。「まるで会社の乗っ取りじゃないか」と思うかもしれないが、このようなつぶれかけの老舗は、後継者がいないので、むしろ乗っ取ってもらえるのは大歓迎だったりする。経営者からしても、金儲け目的で買収されるよりは、志をもった人に自分の後を託したいだろう。誰にとってもハッピーなのだから、臆《おく》せずやるべきだ。

■業態変革の先達は地方にたくさんいる

そうはいっても、ほんとうに40代、50代のミドルエイジが、新しいビジネスを始めていいのか、不安に思う人もいるだろう。

だが、読者が思っている以上に、会社を業態変革させて成功したり、サイドビジネスにチャレンジするミドルエイジの経営者は多い。ここでは２人の事例を紹介しよう。

二軒茶屋餅角屋本店（三重県伊勢市）の第21代目の当主・鈴木成宗《なりひろ》氏。彼は、東北大で微生物の研究をしていたものの、店を継ぐため実家に戻る。だが、もう一度微生物を勉強したいと思い立ち、三重大で博士号を取って、そこからクラフトビールの醸造を始めた。いまや国内外で人気を博すクラフトメーカー「伊勢角屋麦酒」を築き上げた。

飛騨高山で瓦《かわら》を施工している創業約70年の会社の３代目の森孝徳《たかのり》氏も、本業以外のビジネスに挑戦する経営者の一人だ。

森氏はスマホやお金など人工的なモノから解放されて、沖縄の無人島で大自然を楽しむ「ヤバイ無人島アドベンチャー」を始めようとしている。ガイドブックには載っていない体験ができるというだけあって、子どもから家族連れまで幅広い層に支持されそうだ。運営資金は、いま話題のクラウドファンディングで募った。

このように、時代の変化に応じて、本業以外で新たにビジネスを行なうミドルエイジの経営者は地方に多く存在し、彼らから参考にできるところはたくさんあるだろう。

■田舎暮らしは想像以上に不便

地方に転職する際には、企業そのものだけでなく、どこに住むかも重要だ。

おそらく、転職先の会社がある地域か、その近辺の地域に住むことになると思うが、私は、地方の政令指定都市か、都心から片道1時間圏内の郊外の町が良いと思う。とくに、これまで都心に住んでいた人は、交通の便には強くこだわったほうがいい。

「せっかくだから、田舎暮らしを楽しもう」などといって、いかにも地方という山奥や農村地域に住むと、手痛い目にあうからだ。

そうした地域に住むと、地元の会合やまつりごとへの参加をやたらと義務付けられたり、消防団に入らなければいけなかったり、地方特有の濃密な人間関係に加わらなければならなくなる。交流を避けると、村八分になり、嫌がらせをされるし、そうでなくとも、普段の生活や外出を監視されることになる。放っておいてほしくても、都会から引っ越してきた家族には皆、興味津々なのだ。

都心で気ままに暮らしていた人にとっては、この一点だけでも地獄であろう。

よそ者には、その集落が運営しているゴミ収集場を使わせないというところもあるという。これまで暮らしていた場所ではマンションのゴミ集積場や、自宅の前にゴミを置いておけば、当たり前のように、ゴミ収集車に回収してもらえたのに、それができなくなるのである。さて、どうするかというと、家から離れたところにある、自治体が用意したゴミ収集ステーションに、車でゴミを持って行くのである。

場所によっては、日没後は電気を付けて仕事をするのも憚《はばか》られるくらい、辺り一面が真っ暗になる。当然、読書をしたり、スカイプを使った会話も一苦労だろう。

それだけではない。スーパーでもコンビニでも、何でも揃っているところに住んでいた人は、地方の生活の不便さに辟易《へきえき》するだろう。

近くに飲み屋もスナックもない。もちろん、車で飲みに行くわけにはいかないので、運転代行は必須である。結局、ほんとうの地方は、定年後のおじいさんならまだしも、現役世代が軽い気持ちで移住するような場所ではないのである。

■職住環境で選ぶなら仙台・福岡が断トツ

しかし、政令指定都市や郊外ならば、そこまでわずらわしい付き合いはないし、生活インフラも整っているので、都心に住んでいた人でも、比較的ストレスなく暮らすことができる。

私が最も無難だと思うのは、「仙台」と「福岡」。両都市ともどちらかというと都会の部類に入ってくるかもしれないが、東京や大阪と比べると、町がコンパクトで住みやすいし、少し足を伸ばせば、自然と触れあえる場所もある。

いま勢いがあるのは仙台だ。１００年以上の歴史を誇る東北大学理学部は宇宙、生物、化学など幅広く研究している。大学関連のベンチャーや面白そうな企業が市内にはゴロゴロあり、東京からも優秀な学生が仙台に集まる。暮らすにしても、個性的でおしゃれなカフェや飲み屋が多く、食の魅力は牛タンだけではないことを思い知らされる。

福岡ならゲーム会社やＩＴ企業が意外とたくさんあり、自治体のサポートも手厚い。水や食べ物がおいしいのは、いうまでもないだろう。

私の知人を見ると、「岡山」も良さそうだ。彼は東大法学部から経産省に入った後、友人に誘われて、サッカークラブのファジアーノ岡山ＦＣのゼネラルマネージャーになった。岡山は、適度に栄えていて、少し行けば、豊かな自然もあるので、週末はワンボックスカーに乗ってバーベキューやカヌー漕ぎに出掛けたりと、家族でのびのびと暮らせたそうだ。仕事の関係で東京に帰ってきてしまったが、すぐに岡山での生活が恋しくなったという。

郊外ということであれば、前述した「熱海」や「奥多摩」などは、その条件をクリアしている。千葉の外房のあたりも、海が好きな人には良い環境だろう。

ほんとうの地方に住んでいる人は、「地方は働き口もないし、人間関係が狭くて同じやつの顔ばかり見ていないといけないし、車社会で飲みに行けなくて大変だよ」などと言うが、政令指定都市だったら、そこまで問題はない。

仕事も、探せばチャンスが転がっているものだ。

もちろんある程度の実績は求められるが、地方の出版やフリーペーパーは、雑誌編集者や新聞記者は十分に入り込める余地があるだろう。

たとえば、フリーペーパーなど地方の出版物は地元に住む人が制作していることが多く、大手出版社の情報誌に比べると情報量が乏しく、よそから来る観光客の視点で作られていない。駅からのアクセス方法が書いてなかったり、地元の名物の解説が不十分だったりもする。編集経験者は絶対重宝される。

人気グループのPerfume《パフューム》や俳優の斎藤工《たくみ》を起用して話題になった広島県の無料ガイドブックは、毎年初版10万部配布されているそうだ。あまりにクオリティが高く、県外からも手に入れたいという人が絶えない。編集長の伊藤総研《そうけん》氏は、雑誌『ＢＲＵＴＵＳ』の編集に携わっていたという。人脈と経験をフルに生かし、地方で大活躍する好例といえる。

■同業ではなく、異業種・異業界を狙え！

逆に、これまでと同じ業種ではなく、異業種を狙うことも、ミドルエイジが地方に転職する時のポイントといえる。

「異業種だと、これまでの経験やスキルが通用しないのでは？　同じ業種のほうが安心だ」と心配するかもしれないが、実際には、真逆で、同じ業界への転職のほうが難しい。

たとえば銀行マンの場合、地方銀行や信用金庫からメガバンクに行くのは無理だが、その逆も難しい。メガバンクで出世していた人なら、地銀や信金に流れてくるはずもなく、面接の時点で、「この人、仕事ができなくて、リストラ予備軍だったのでは？」と疑われ、はじかれてしまうからだ。運よく入社できたとしても、メガバンクで社内政治ばかりしていた人など、地銀や信金の現場では何の役にも立たない。

しかし、まったく別の業種なら、「業界の常識にとらわれない人が来た」と重宝される。面接で、「地方創生に挑みたくなった」「本当に喜ばれる仕事をしたいと思った」などと、熱い思いで夢や情熱を語れば、仕事ができずに辞めたと思われることもない。

入社した後も、うまくいく可能性が高い。

よく「異業種に転職すると、これまで働いていた業界の知識が重宝される」などといわれるが、残念ながら、ほとんど役に立たないと考えたほうがいい。

私は、世界的なコンサルティングファームであるマッキンゼーで働いた後、他の業界の会社に転職した人を何人も知っているが、口をそろえて言うのは、「マッキンゼーで得た知識は何の役にも立たなかった」ということだ。

もちろんその人に合わない会社だっただけなのかもしれないが、これはマッキンゼーが悪いのではなく、会社とはそういうものだからだ。いまの仕事で使っているビジネススキルは、社外ではほとんど価値がないのである。

もっとも、役に立たないことを素直に認めて、ゼロからやり直そうと謙虚に臨めば、徐々にその会社に貢献できるようになる。普通にコミュニケーションがとれる人なら、その世界に飛び込んで働いてしまえば、順応できるものだ。

こうして、新天地で働いていると、自分の隠れた能力に気付く可能性もある。世間一般では、「40代にもなると、自分ができることとそうでないことがわかってきて、大きな成長は望めなくなる」などというが、決してそんなことはないと思う。

これまで経理などの内勤業務をしていて、営業なんてしたこともなかったけれども、見よう見まねでやってみたら、意外と性に合っていた、などということは、いくつになってもあるものだ。

■中途半端に頭がキレる人はつまずく。愚直さを武器にしろ

地方の中小企業へ転職するときに、つまずきやすい人がいる。

それは、「中途半端に頭がキレるタイプ」だ。

たとえば、都会のＩＴ企業やコンサルティング会社などで働いた経験がある人や、ビジネススクールに通った経験のある人は転職してもうまくいかないことが多い。

その理由は、簡単にいえば、地方の中小企業の従業員に対して、上から目線で接するからだ。

その典型が、会議の場で、カタカナ言葉を山のようにひけらかして話すことである。ブルーオーシャンだの、ブラックスワンだの、ＳＷＯＴ分析だの、ビジネススクールで学んだことやビジネス書で読んだことをペラペラとのたまう。自分の賢さを見せつけたいのだろうが、まるっきり逆効果だ。

「何を話しているかわからないし、接しにくい」と言われ、どんどん心理的距離が開いていき、誰もついてきてくれなくなる。プレゼンやコンペといったビジネスワードを口にするのもNGだ。こういう人に限って、「田舎の連中はバカばかりだ」などと言い出すが、バカなのはその人のほうだろう。

反対に、うまくいく人は、どんな人か。実績があろうとも、偉そうにすることなく、自分の知らないことを謙虚に聞ける人。変に機転が利くよりも、愚直さのある人だ。こうした人は、新天地の人たちもとっつきやすいと感じるので、円滑にコミュニケーションがとれて、うまくやっていける。

そう考えると、大企業出身者よりは、中堅規模の企業に勤めていた人のほうが、なじみやすいかもしれない。

また、学歴も中堅レベルの大学を卒業したぐらいが、親近感をもたれやすい。もしあなたが、会社のブランドや学歴にコンプレックスをもっていたとしたら、むしろ自分には強い武器があると思っていいだろう。

■傍流で磨かれ、出世するケースもある

転職によって「ダウングレード」する勇気がないというなら、いまの会社で「ダウングレード」するという手もある。

本社に勤務しているのならば、あえて、子会社や支社などの「傍流」で働くことを希望するのである。

中小企業や子会社は、社員数が少ないので、40代にもなれば、幹部や部門長、工場長のような、「一国の主」のようなポジションを任されるはずだ。そこで親会社やワンマン社長のイエスマンになるのではなく、その仕事と真剣に向き合い、「どうすれば売れるか」「どうすれば生産性が上がるか」と頭を悩ませながら部門を回していれば、間違いなく経験値が上がり、ビジネスセンスも磨かれる。

すると、他の会社でも通用する実力がつき、良い条件の転職ができることは少なくない。傍流にいたままでは、定年まで給料が本社の8掛けといったことになるので、独立か転職をする必要があるのだけれど、必ず自分の力を必要としている転職先は見つかる

だろう。

また、うまくいけば、いまの会社で要職に抜擢されるケースもある。大企業の社長を見ても、意外と、子会社に出向経験のある人は多い。

たとえば、経団連の会長になった、日立製作所会長の中西宏明氏は、本流の重電事業ではなく、傍流といえる情報通信分野の事業部で長年仕事をしていた。

2018年3月までソニーの社長をしていた平井一夫氏は、そもそもソニー本体ではなく、CBSソニー（現在のソニー・ミュージックエンタテインメント）に入社した人で、ソニー本体で仕事をするようになったのは49歳になってから。そのあとにソニーの社長になった吉田憲一郎氏は、子会社のソネットの社長をしていた人だ。

こうした人たちは、傍流で揉《も》まれたことで、仕事の実力を高めることにつながったのだろう。

■あえて海外転勤を申し出て、「一国の主」を経験しろ

会社によっては傍流ではないかもしれないが、いまなら、海外に関連した仕事につければベスト。自分はツイてる人間だと思ったほうがいい。

海外の子会社の経営幹部や工場長、あるいは国内でも海外の営業責任者などをしていれば、将来、引く手あまたの人材になれるだろう。少子高齢化で日本の市場が縮小し、海外に事業を拡大するには、必要な人材だからだ。

私の友人で、大手自動車メーカーの部品子会社にいた人間がいる。つまり、本流ではないのだが、彼は、40代でその会社のヨーロッパ支社長になり、ヨーロッパのすべてのアフターパーツの責任者として奔走するようになった。久々に会って話すと、社長のような風格を備え、成長を感じさせたものだ。こういう人はどこの会社に行ってもやっていける。

これは大手企業に勤めていた人の例だが、従業員１００人程度の中小企業に勤めていた人でも、「10年にわたって、北米の営業部を指揮していた」というように、特定の範囲であっても、海外の仕事で「一国の主《あるじ》」をしていれば、ものすごく見込みがあると思う。

一方、大企業の本体で働き続けていると、40代でも、「一国の主」になれず、減点を恐れて、無難な仕事をこなす日々を送っている人は少なくない。40歳を越えても課長にすらなれず、主任や平社員という人もいる。ある大手商社は課長就任年齢が平均48歳で、50代の課長がゴロゴロいると聞いた。

こういう環境で育った人は、「何が何でも売らなければ、事業部がつぶれる」というような、プレッシャーのかかる仕事体験をしていないので、ビジネス感覚が身につかないし、責任逃ればかりが上達する。チャレンジ精神も新しいものに対する興味もすべて失われる。また、減点主義が体にしみつき、ネガティブ思考になる。そのくせ、変なプライドだけが高い。

こうなると、IQが160ぐらいあり、一流企業に入社して将来有望だった者でも、もはや、他社でやっていくのは無理だ。転職しようとしても、周囲の足を引っ張るだけだと思われ、誰も雇ってくれなくなる。定年まで必死で会社にしがみつくしかない。

だからこそ、人事異動で海外転勤を命じられても、「左遷」ではなく「栄転」と思ったほうがいい。人生最大のチャンスが訪れたつもりで、海外勤務の機会を大いに活用して、マネジメントスキルを磨くのだ。給料は本社勤務に比べて2割減くらいになるかもしれないが、海外手当をたっぷりもらえるだろう。もしかしたら労働時間も減るかもしれない。その時間を使って、現地の歴史と語学力を身に付ける手もある。

定年後まで稼ぎ続けられる自分になりたいのなら、目の前の小さなプライドなど捨てて、自ら手を挙げてでも「傍流」に進むことをおすすめする。できるだけ早い時期が望ましい。45歳になったらもう手遅れ、できたら40歳までには本流を離れるべきだ。

■あなたは代表的なプログラミング言語を言えるか？

先ほど、「学び直し」は不要だと述べたが、何一つ学ばなくていいかというと、そんなことはない。

たとえば、「簿記」はビジネスパーソンなら学んでおくべきだとよく言われるが、これは私もまったく同意する。複式簿記の仕組みや用語がわかっていないと、貸借対照表（B／S）や損益計算書（P／L）などの財務諸表が理解できないからだ。

最低限の会計知識がないと、自分の会社が儲かっているのか損しているのかがよくわからないので、適切な対策は打ち出せない。平社員でも、仕事相手との会話のなかで会計用語が出てきたときに、ポカンとしていたら、無能だと思われるだろう。簿記三級どころか、商業高校の一年生が学ぶ簿記初級のテキストでいいから、やっておくべきだ。

さて、この時代、簿記と同じぐらい学ぶ必要があるのが、ＩＴリテラシーだ。

どんな業種でも、これからのビジネスでは、ＩＴの知識が欠かせない。新卒入社した会社で同じ顔ぶれの人と仕事をしていたときには、多少ＩＴに疎《うと》くてもどうにかなったかもしれないが、社外に出て仕事をするとなると、そうはいかない。ＩＴに無知だと、「こんなことも知らないのか」と思われかねない。最低限の知識は身につけておいたほうがいいだろう。

代表的なのが、「プログラミング」である。プログラミング教育は、２０２０年度から小学校で必修化される見通しであり、これからの子どもたちは、ごく当たり前のように、プログラミングを身に付けることになる。そうでなくても、いまの中高生は、普通に「Scratch（スクラッチ）」を使えて、そのうち3分の1ぐらいは「Xcode（エックスコード）」を書き始めているぐらいだ。

もちろん、40～50代のミドルエイジは日々の仕事で忙しいだろうから、子どもたちと同じように、がりがりと何百行もプログラムを書けるようになったほうがよい、とまでは言わない。

しかし、他社のビジネスパーソンとの会話についていくためには、用語ぐらいは知っておくべきだ。営業マンが契約書作成をバックスタッフに任せるにしても、依頼する側が契約書の構造を知らないと、頼みようがないだろう。それと一緒で、最低限のプログラミングの型は押さえておいたほうがいい。

さて、プログラミング言語にはどんなものがあって、どんな特徴があるか、あなたは説明できるだろうか？

「C言語ぐらいは知っている」などと言っていたら、１９９０年代からタイムスリップしてきたのではないかと思われる。パソコンが打てないおじいちゃんであるかのようにみなされ、若い人に相手にされなくなるだろう。

ちなみに「Scratch」とは、米マサチューセッツ工科大学（MIT）メディアラボのライフロング・キンダーガーテン・グループが開発した子ども向けのプログラミング言語のこと。「Xcode」とは、アップルがリリースしているアプリ開発のツールである。

百聞は一見に如《し》かず。専門用語のイメージが湧かなければ、一度ぐらい、プログラミングをするためのエディタを立ち上げてみる程度はしたほうがいい。

■まずはその白髪交じりの頭を染めろ

転職を成功させる要素はさまざまだが、当たり前のことなのに、意外とミドルエイジがやらないことがある。それは、「第一印象を良くすること」だ。

髪の毛を染めたり、おしゃれなスーツを着たりして、年齢よりも若々しく見せるのである。なぜなら、それをするかどうかで、採用面接の成否が決まってくることがあるからだ。

いくら素晴らしい経歴をもっていたとしても、老け込んでいてみすぼらしいオッサンなんかとは働きたくないものだ。同じ能力で、見た目が若々しい人とオッサンくさい人がいたとしたら、面接官は、間違いなく前者を選ぶ。

「40、50の男が、髪型や服装をチャラチャラ気にしても仕方ない」などと言う人がいるが、とんでもない。むしろ、年齢を重ねた男性ほど気にするべきだ、と私は思う。

もっとも、これまでおしゃれを気にしていなかった男性が、急におしゃれになるのは、簡単ではない。私も、アウトドアブランドのパタゴニアで上から下まで服を買ってしまったり、アロハシャツとジーパンで毎日過ごしているようなタイプなので、正直、おしゃれな人間とはいえない。

毎日、５ミリ厚のバリカンで、無精ヒゲ風のヒゲをきれいに剃るのなんて、面倒くさくてやりたくない。髪を伸ばしているのは、短髪にしたら頻繁にヘアサロンに通わなくてはならず、それが嫌だからだ。腹を引っ込めるために、筋トレする気にもなれない。

こんなズボラな人間が、『ＬＥＯＮ』に出てくる、ジローラモのような「ちょいモテオヤジ」になるのはまず無理だ。

私のような人におすすめするのは、とにかく白髪を染めることだ。

中国でも日本でも、政治家はみな髪の毛が黒い。黒くない政治家は小泉純一郎くらいだろう。政治はインプレッション勝負なのだ。安倍総理も麻生副総理も毎月、美容院や理髪店に通い染めている。歳を重ねても、不思議と見た目から年齢を感じさせない。

私は60代になって髪の毛を染め始めたが、印象がまるで変わることを実感する。

それに加えて、清潔感のある髪型にすることだ。歳を取ると、髪の毛のハリが失われる。シナっとした髪の毛は相手を不快にさせる。私は面倒くさがりなのでつい放置してしまうが、毎日ムースで固めるのが億劫な人は、定期的に散髪に行ったほうがよい。

服装も、体に合っていないスーツを着ているのなら、すぐに買い換えるべきだ。いい年をしてダボダボなスーツを着ているほど、みっともないことはない。体型はだらしなくても、スーツだけはだらしなくならないようにしたい。

■話し方はスマホでチェック

また、ミドルエイジともなると、話し方も重要になってくる。落ち着きがない話し方をしていると、それだけで、採用面接のときにマイナス評価になることもある。年齢相応の話し方をするように心がけたい。

最近は、話し方教室がたくさんあるようだが、別にそこまで時間とお金をかけることはない。手軽なのは、自分が話している様子をスマホでビデオ撮影して、チェックすることだ。すると、自分はこんな話し方をしていたのか、と愕然《がくぜん》とするに違いない。腕組みしたり、目線を定めず会話する自分が、想像以上に相手に不快感を与えていることにも気付くだろう。

あとは、自分の憧れの人を「モデル」にするのも効果的である。

以前書いた『ビル・ゲイツとやり合うために仕方なく英語を練習しました。成毛式「割り切り&手抜き」勉強法』（ＫＡＤＯＫＡＷＡ）という本で、英語が話すのが上手な人のものまねをすると、英語が話すのが上手くなるという話をしたが、日本語に関しても同じことが言える。こんな話し方をしたいという人をじっくり観察して、特徴を掴み、真似していると、自然とその人のような話し方に変わっていく。

一発逆転の転職を決めるためにも、第一印象で損するのは、絶対に避けるべきだ。

第3章

語学は
後回しでいい。
さっさと海外で
働いてしまえ

■縮小する日本より、拡大する新興国に目を向けよ

これから転職しようと考える大部分の人は、「日本で働く」ことを前提にしているのではないだろうか。無意識のうちに、「日本でしか働けない」と決め付けてはいないか。

私は「海外で働く」ことも選択肢に入れるべきだと思う。

どういうことか。外国企業でも、日系企業の現地法人でもいいが、とにかく海外に渡って働くのである。

なぜなら、そのほうが、生涯にわたって良い条件で働き続けられる可能性が高いからだ。

海外の国々のなかでも、とくにおすすめなのは、東南アジアの新興国だ。意外かもしれないが、インドネシアやタイ、マレーシア、ベトナムなどは、いまとても景気がいい。これらの新興国は、人口も増加傾向にあり、それにともない、GDPも右肩上がりで増えている。

とくにインドネシアは約2億6000万人の人口を有しており、21世紀に入ってから

は一度もマイナス成長がなく、ＧＤＰ成長率もつねに５％前後を保ち続けている。２０５０年には、ＧＤＰが中国、インド、アメリカに続き、世界第４位に躍り出ると予測されているほどだ。人口減少でＧＤＰがじり貧になることが確実視される日本とは、まるっきり真逆である。

成長著しい国は、当然ながら、求人市場も活発だ。試しに「海外　転職」や「国名転職」でネット検索してみてほしい。「マイナビ転職グローバル」や「ＤＯＤＡグローバル」「リクナビＮＥＸＴ」など、海外の求人情報を扱う情報サイトをのぞいてみると、新興国については、じつに多様な求人があることがわかるだろう。営業、プログラマー、生産管理、建築土木技術者、金型設計者……、職種もさまざまだ。

これらの国は、この先も人口が伸び続けると予測されており、成長し続けることが確実だから、条件の良い求人も途絶えることがない。いまから働く経験を積み、その国のビジネス環境に慣れておけば、他の企業でもやっていけるようになり、一生転職で困ることはないだろう。

■斜陽産業に勤める人も、海外ならチャンスがある

日本では斜陽産業といわれている業界に勤めている人でも、海外に目を向ければ、転職するチャンスが広がっていることもある。

その例の一つが、「印刷会社」だ。

日本の印刷会社は、デジタル化が進み、印刷物が減っていることで、熾烈《しれつ》な価格競争に巻き込まれている。大手もなりふりかまわずディスカウントしており、体力のない中小印刷会社は厳しい状況に追い込まれている。

さらに最近では、中国をはじめとした海外の印刷会社が日本市場に進出してきている。これらの企業は、人件費などのコストが安いので、日本の半額程度の料金で印刷できるうえに、印刷技術も向上し、日本と変わらないほどになってきている。ものによっては、輸送コストをプラスしても、彼らに発注したほうが安くなることもある。実際、カラー版の図鑑などは日本ではなく中国で印刷することが増えているという。

大手企業に加えて、海外の企業にまで攻め込まれ、中小の印刷会社はつぶれる寸前。

そこに勤めているミドルエイジは転職先のあてもなくお先真っ暗……というように見えるかもしれないが、「海外で働く」ことを考えると、話は変わってくる。

中国や東南アジアの印刷会社は、圧倒的に安く刷れる強みをもっているが、日本企業に営業をかけるためのパイプやノウハウが不足している。これらの会社がほしいのは、「印刷のことがわかっていて、日本で営業できる日本人の営業マン」。そこに就職すれば、非常に重宝される人材になれるわけだ。

その会社で働いていれば、いずれ現地の企業への営業もできるかもしれない。そうして「できること」の幅を広げていけば、一生転職で路頭に迷うことはなくなるだろう。

印刷会社に限らず、日本では仕事が減る一方だけど、海外では仕事が増えていく業種で仕事をしている人は、海外を視野に入れたほうが、間違いなくチャンスはある。

たとえば、アルミの生産などのように、電力を大量に消費するビジネスは、電気代が日本の数分の一という海外に生産拠点を移していることが多いが、移転が進んでいないものもある。

データセンターはその典型だ。データセンターといえば、サーバーはもちろん、熱をもったサーバーを冷やすための空調にも大量に電力を使う、電気の塊のような施設が必要不可欠なのだ。

ご存じのように、日本はアメリカ、イギリス、フランスなどの先進国に比べて電気代が高い。日本より電気代が高いのは、ドイツやイタリアなど、発電設備のなかで火力発電の比率が高い国々だけだ。いずれ日本も原子力の発電比率が低くなれば、電気代はさらに上がる。そうなれば、国内のシステム会社は海外にデータセンターを置くようになるだろう。

「日本は政情が安定しているから安心だ」「海外にデータを置いておくと、その国にデータを悪用される危険がある」などと言うクライアントがいるので、NTTデータや野村総研など大手のシステム会社はまだ日本にもデータセンターを置いているが、コストなどをトータルで判断すれば、どう考えても、海外のデータセンターに軍配が上がる。クライアントも、いずれは海外のデータセンターを選ぶようになり、日本のデータセンターは消滅の一途をたどるだろう。

そうした未来を見据えたら、いまのうちから、海外のデータセンターで、現地の人と働いておけば、食いっぱぐれることはなくなるはずだ。

■語学力がなくても、海外で働ける

海外で働くにあたり、「語学ができないから無理」と思うかもしれない。

しかし、求人サイトを見ればわかるのだが、じつは、「語学力不問」という求人は少なからず存在する。

具体的に言えば、現地の人ではなく、「日本人」を顧客ターゲットにした現地企業や日系企業の現地法人だ。

すでに述べた印刷会社もそうだし、ほかにもそうした会社はたくさんある。

たとえば、日系メーカーに工作機械を販売している会社、３ＤのＣＧアニメーションを手がける制作会社、主に日本人客を相手にしている日系レストラン、現地駐在の日本人の子どもが通う日系幼稚園などが、求人サイトで「語学力不問」との触れ込みで、募集をかけていた。

まずは、そうした職場で働けば、語学に自信がなくても、海外で働くことができる。その間に現地で語学を習得して、そこで慣れたら、語学が必要な職場にステップアップすればいい。たいがいの場合は、英語を身につければ支障なく働ける。

ビジネスの場で求められる語学力は、必要となれば、大人になってからでも身に付けられる。

私がその典型的な例だ。海外に留学した経験もなく、日本の自動車部品メーカーで3年間働いたというドメスティックな経歴の持ち主だったが、アスキーという出版社に転職し、転職初日に、いきなりアスキー・マイクロソフトという子会社への出向を命じられたことで、英語を使う必要に迫られることになった。

会社にまだ人が少なかったことから、アメリカで会議があると、私が出席しなければならなくなったのだ。初めての海外出張は出向から1週間後。その時、初めてビル・ゲイツに会ったのだが、何を言っているのか、さっぱりわからない。そこで、仕方なく、英語の勉強を始めたのだ。

その結果、ビル・ゲイツと差しでビジネスの話ができるぐらいまでには、英語が話せるようになったのだが、いまだにどんな分野でも英語がペラペラ話せるわけではない。あくまでビジネス上の英会話は問題ないというだけだ。

アメリカ人とは、いまだに雑談はできない。アメリカ人はスポーツ好きなので、メジャーリーグやアメフトのＮＦＬ、バスケのＮＢＡが話題に上ることが多く、芸能人や政治家のゴシップネタを話してくる人も多いが、私はどれも興味がないので、まったく何を言っているのかわからなかった。

しかし、雑談のために、スポーツや芸能ネタを覚える気もなかったし、覚えなくても、仕事上は何の問題もなかった。

どんな話題が出てくるかわからない雑談と異なり、ビジネスでの英会話は、その分野の専門用語などがわかっていれば、英語が苦手な人でもやり取りができる。だから、雑談を捨てて、自分の仕事の分野だけを集中して勉強すれば、最小の努力で必要最低限なビジネス会話力が身に付くのである。

具体的な学習方法は、『ビル・ゲイツとやり合うために仕方なく英語を練習しました。成毛式「割り切り&手抜き」勉強法』に書いたので、よかったら参考にしてみてほしい。

■教えに行くのではなく、一労働者として行く

海外の企業への転職をめざすとき、気を付けたいことがいくつかある。

一つは、新興国の人たちに「教えに行く」「指導する」という先入観を捨てることだ。

先日、60歳を超えた知人が「ちょっと中国に行ってこようかと思っている」と話していた。何をしに行くかとたずねると、「システムに詳しいから、中国で若いシステムエンジニアを指導してくる」という。

その言葉に、私は開いた口がふさがらなかった。

中国は情報システムの分野において、すでに日本よりも20年は先をいっているからだ。その最たるものは、「全国民を監視するシステム」だろう。

中国政府は、2015年に、国民の行動を監視して、ランク付けをする構想を発表し

ており、すでに町の至るところに監視カメラを張り巡らせている。すでに犯罪者を顔認識システムで見つけ出すことが可能だ。

また、銀行口座の入出金や、アリペイなどのスマホを使った電子決済の取引状況も国家が把握しているので、何か悪いことをすれば、即刻、スマホ決済などを停止する処置がとれるようになりつつある。

実際、国にアリペイの口座を凍結された事例も出てきているという。２０２０年までには、全人口の14億人の情報管理をめざしている。

私は、これだけ情報統制が進めば、近い将来、中国人の軽犯罪数が激減すると本気で思っている。一度、万引しようものなら、銀行の審査は一発アウト。就職・転職にも当然、響くだろう。もしかしたら、嘘つきやマナーの悪さも改善するかもしれない。

話を戻すと、生活のあらゆる場面でこんなことが起きているのだから、中国が日本のＩＴ技術者に学ぶことなど何もない。そんな時代遅れの日本のＩＴ技術者が中国に行っても、指導どころか、逆に中国の技術者のお世話になって、指導料を取られるだろう。

工業製品のエンジニアに関しても同じことがいえる。

製造コストが安いことから、自動車やデジタル機器、家電などのメーカーは、日本から新興国に生産拠点を移している。そうした経緯から、現地の人は自分たちより技術的に後《おく》れており、日本人は、彼らに技術を「教えてやる」立場だと思っている。現場で汗水を垂らすことなく、ある程度優遇された立場で歓迎されるものと、思っているのかもしれない。

しかし、それは何十年も前の話だ。新興国の工場のレベルは想像以上に高く、現地の人たちのほうが技術のノウハウをもっていることも珍しくない。技術指導をする人など、まったく求めていないのである。

日本人のほうが高い技術力をもつ分野もまだあるが、新興国の人たちはとにかく勤勉だから、早晩、キャッチアップし、追い抜いていくだろう。

幸い、新興国は、しばらくのあいだ工業が盛んであり続けるだろうから、エンジニアの需要はこの先もたくさんあるだろう。ただし、その需要とは、「技術指導者」ではなく、あくまで「一労働者」としての需要だ。

それをわかっていれば、転職もうまくいく。自動車の二次下請け、三次下請けで部品の製造や組み立てを行なっていた人などは歓迎されるに違いない。

また、ＩＴ企業に関しても、教えてあげる立場でなく、自分がプログラミングをしたり、工程管理をしたり、と現場で一戦力として働くのならば、雇ってもらえるチャンスがある、と肝に銘じるべきだ。

■日本の「おもてなし」は自己満足だといつ気付くか

同様に、日本人が「日本が優れている」と思い込んでいるけれども、海外の人たちには「それほどでもない」と思われているのは、サービス業だ。

「日本流サービスは世界一」「日本のおもてなしは世界に誇る文化」などといっている人は少なくない。

日本でサービス業に従事していたという武器があれば、世界中で活躍できる。そう考えるのは自由だが、実際には、日本のサービス業は、世界的に見たら、おかしなことでいっぱいだ。

まず、日本のサービス業は、慇懃無礼《いんぎんぶれい》で融通がきかない。

小西美術工藝社社長のデービッド・アトキンソンが、「温泉旅館に行ったら、部屋の用意ができているにもかかわらず、15時になるまで絶対にチェックインさせてくれなかった」と、日本のサービス業を嘆いていた。

要は、「おもてなし」といいながら、日本のサービスには柔軟性がまったくないのである。お客様の要望に応えることよりも、「決まりを守ること」「例外をつくらないこと」を優先しているのだろう。こうした例は、温泉旅館に限らず、どのサービス業でも見られる。

柔軟な対応をしない一方で、「レシートは両手で出す」などと、形式ばった「おもてなし」には、やたらこだわっている。

旅館だけでなく、近所のパン屋やコンビニでもレシートを両手で渡されることがあり、私もつい両手で受け取ったりするが、外国人にしてみたら、そんなのどうでもいいということに気付いていない。

■顧客の都合を考えない日本の「買い物システム」

また、「利便性の高い最先端の仕組みを取り入れるのが遅い」というのも、日本のサービス業の悪いところだ。

具体的には、電子決済の普及が遅れていて、いまだに現金しか使えない店が多すぎる。中国では、小さな商店でも電子決済が普及していて、スマートフォンをピッとやれば買い物ができる。現金のほうが嫌がられるようになっており、路上で西瓜《すいか》を売っている高齢者すら「偽札を掴んだり、強盗にあったりしたくないので、現金ではなくスマホ決済でお願いします」というほどだ。

ベトナムでも、電子決済を利用できる店舗が増えており、消費者の約8割が現金払いよりも電子決済を好むというほど、スマートフォンによる少額決済が当たり前になっている。

ポイントシステムについても、電子決済システムに紐付けされているので、店ごとに異なるポイントカードを持ち歩く必要もない。日本のように、財布に何枚もカードを入れて、支払のたびに提示するなんてことはまずありえない。

要は、日本の「買い物システム」は、お客様の都合など何も考えていないのである。もちろん、海外のサービス業が日本よりもすばらしいサービスをしているかというと、なんともいえない。飲食店でもホテルでも、いい加減だったり、清潔感がなかったり、とダメなところを見つければ、いくらでも見つかる。しかし、総合的に見て、日本のサービス業がダントツに誇れるほどかというと、そうは思えないのだ。

にもかかわらず、「日本のサービス業のノウハウをもっていれば、新興国で指導ができるのではないか？」などと考えていると、仕事がまったく見つからなくなるので注意したい。

「レシートを両手でお渡ししなさい」などと日本の形式を押し付けていたら、最初こそリスペクトされるかもしれないが、すぐに「こんなことをして何の意味があるのか」と気付き、リストラされてしまうのがオチだろう。

ＩＴ技術者やエンジニアの話にも共通することだが、こうした勘違いの背景にあるのは、「新興国より日本のほうが優れている」という「上から目線」だ。

最近は、来日した外国人に、日本の優れているところを褒《ほ》めちぎってもらう番組もよく見かける。ああいう番組に感化されて、「日本最高！」「日本は世界一だ」などと思い込んではいけない。日本は世界と比べても劣るところがたくさんある、と謙虚な気持ちを持たなければ、海外に行っても、失敗するだろう。

■海外暮らしの予行演習に、旅行に出掛けてみる

もちろん、「日本が好きだから、海外では働きたくない」という人はたくさんいると思う。だから、べつに強制はしないが、そうした人でも、一度は、外国で生活することを念頭においたうえで、その国に旅行に行ってみることをおすすめする。

できたら、１泊、２泊の短期間ではなく、最低でも１週間は滞在したい。

その際に、ホテルに宿泊するのではなく、民泊などで短期間アパートメントを借りて、生活の予行演習をしてみるのである。すると、思ったより快適な生活ができると気

付くはずだ。

まず、タイやマレーシア、ベトナムといった東南アジア諸国は、生活費が安い。国にもよるが、1食100〜200円程度で外食ができてしまい、家賃を含めても、月10万円前後で暮らすことができる。ゴルフやマッサージなどの娯楽も安いし、月数万円出せば、ホームヘルパーを雇うことも可能だ。

また、東南アジア諸国には、日本からのLCCが毎日バンバン飛んでいるから、往復で数万円払えば、すぐに帰国できる。東南アジアの生活費の安さを考えれば、日本に家を残したままでもいいし、地方の実家に戻るのもいいだろう。帰国の折に、美味しい日本食をたらふく食べるのもいいではないか。

老後の生活を考えても、いまのうちに現地の暮らしに慣れておいたほうが得策だ。

「妻（夫）や子どもが嫌がる」という人もいるかもしれないが、逆に子どもの将来を考えたら、いまのうちに日本脱出を真剣に検討したほうがいい。

子どもが現役世代になれば、日本は高齢者だらけの貧乏国になり、日本にいたままでは、自分たち以上の苦労をすることが確実だからだ。

いまのミドルエイジは「ＡＩに仕事を奪われる」などと口にしながらも、まだまだ希望は残されているが、子どもはそんな楽観的な考えではいられない。

彼らが20～30代のときに、超高齢化社会のど真ん中に立たされて、自分のお金で、見ず知らずのじいさんやばあさんの面倒を見なくてはならないのだ。そのころには、消費税が20～30％にもなっているだろうから、生活はすごく厳しくなる。

このような未来を考えたら、いまのうちに海外に慣れさせておき、将来いつでも脱出できるようにしておくことが、子どもに対する愛情というものだ。将来、家族を幸せにするためには何がベストな選択なのか、一度、奥さん（ご主人）と話し合ってみたほうがいいだろう。

「子どもの学校がある」というが、将来のことを考えれば、少しぐらい休ませたってどうってことはない。金曜と月曜に休ませるだけでも、３泊４日で、いろいろなところに行けてしまう。休むための方便として、忌引きや仮病を使うことに後ろめたさを感じるかもしれないが、それを上回る感動体験を子どもに与えてあげられるはずだ。

■シアトルは「イメージ通り」の街

海外生活を考えるとき、いちばんのおすすめは、東南アジアだが、ほかの地域が良いという人もいるだろう。

どの国が合っているかはその人次第であり、これればかりは住んでみないとわからないが、参考までに、私ならどこに住むか、個人的な見解を述べてみたい。

私にとって、アメリカは、マイクロソフトにいたということで、馴染《なじ》みのあるエリアだ。しかし、就労ビザが下りにくいし、下りたとしても、アメリカに住みたいとは思わない。娘にも「アメリカに留学するのはやめておけ」と言っている。

その理由は、貧富の差がよりいっそう広がっており、治安が悪化しているからだ。オピオイド（麻薬性鎮痛薬）中毒者がそこらじゅうにいるので、身の安全も保障できない。ニューヨークも五番街はボロボロで浮浪者だらけになってしまった。

マイクロソフトのあるシアトルはどうかというと、治安は全米平均からすれば悪くないが、ある意味で「イメージ通り」の街だ。マイクロソフトとアマゾンとボーイングとスターバックスだけでできているような町であり、その社員だらけの特殊な雰囲気を醸し出している。

全米の優秀なプログラマーや機械工学系のエンジニアなど、ＩＱ１５０ぐらいあって、年収数十万ドルの人たちが集まっている。普通のレストランでも、数人で飲みながら、「俺たち全員でいくら手元にある?」「１００万ドルぐらいか」みたいな会話をして、ほくそ笑むグループがあちこちにいる。農場やワインのヴィンヤードをもつ人も珍しくないといった具合だ。そうとうな変わり者でないと馴染めないので、やめておいたほうがいいだろう。

アメリカで唯一、良いと思うのはポートランドだ。やたらとオーガニックを好むような町なのだが、住んでいる人が庶民的で、雰囲気も日本人との親和性が高い。しかし、それでも、ツテもなしに仕事を見つけるのは難しいだろう。

日本人は映画や雑誌を見て、ニューヨークやシアトルに憧れを抱いてその地を訪れるが、暮らすとなると話は別である。

街には当然、いい面と悪い面があり、実際に自分の目で見ないと判断できない。池袋や新宿、秋葉原、大阪のミナミに住んでみたい日本人がどれだけいるだろうか。少し想像を働かせれば、アメリカの人気都市に住むべきではない理由がわかるはずである。

■ITベンチャーを多数輩出する「北欧最強」のフィンランド

ヨーロッパはどうかというと、就労ビザが下りにくい国が多いし、ここ2〜3年でかなり治安が悪化している。

イタリアもフランスも、あちこちスリだらけだ。二つ星レストランですら置き引きがあるようなレベルだ。オープンカフェのように道路に面したところも危ないが、店の奥も危ない。トイレに行くフリをして、さっと置き引きする悪党が少なくないのだ。ウェーターもグルになって、見て見ぬふりをしていたりするので、始末に負えない。

ちなみに私がヨーロッパを訪れる際は、移動中はつねに貴重品を入れたショルダーバッグにカラビナを2、3個装着するようにしている。食事中も椅子とバッグをつなぎ、絶対に盗られないようにする。旅行でもない限り、普段の生活でこうしたことに神経を費やすのは得策ではない。

そのヨーロッパでも、北欧は、「ここなら住んでみたい」と思えるエリアだ。フィンランド、スウェーデン、デンマーク、ノルウェーの４カ国は、物価は高いが、生活インフラは申し分ないほど整っているし、地震のような大きな天災も少ない。

英語も問題なく通じる。この４カ国はそれぞれが少数言語を話しているうえ、自国の市場が小さいので、他国でビジネスや勉強ができるよう、大半の人が、英語を当たり前のように習得している。

子どもの教育を考えるなら、フィンランドが断トツにいい。15歳児の学力を計る国際的な学習到達度に関する調査の「ＰＩＳＡ」ではつねに最上位に位置する国だが、教育方針もじつにユニーク。小中学校では宿題をあまり課さず、小学生に関してはテストもほとんどない。授業のコマ数や時間も少ないという。

これらの話は『マイケル・ムーアの世界侵略のススメ』という映画で取り上げられていて、ユーチューブにある予告編でも触れられているので、時間があれば見てほしい。

宿題やテストが少ないのに、学力が高いのは、カリキュラムにムダがなく、子どもたちに考えさせる教育をしているからだ。子どもたちは、独学で学ぶ。九九など暗記する前に、電卓やネットなどツールを使って、もっと高度な学習を自ら行なう。日本の教育現場とは真逆の光景であろう。

だから、フィンランドの子どもたちはたんなる神童で終わるのではなく、大人になっても活躍している人が多い。語学はフィンランド語と英語以外にも一つ、二つ習得するのが珍しくないし、大学の研究者も多い。一人当たりの研究者の数は世界トップクラスだ。

ちなみにフィンランドでは、クリエイティブなＩＴベンチャー企業も多数誕生している。

日本で知名度の高い企業といえば、ゲーム制作会社の「スーパーセル」。一時、ソフトバンクの子会社となり、現在は中国のテンセントに買収されたが、もともとは２０１０年にヘルシンキで生まれた企業だ。

スーパーセル以外にも、iPhone向けモバイルゲーム「アングリーバード」を開発したゲームメーカーのロビオ・エンターテインメントや、世界初の廃棄物選別ロボットシステムを開発したゼンロボティクスなどの企業がよく知られている。

ＩＴベンチャーが次々と生まれているのは、国が「起業立国」をめざしているから。首都のヘルシンキ発祥の「スラッシュ」というイベントは、いまや、起業家関連のイベントとしては世界一の規模を誇っている。世界中から起業家、投資家、エグゼクティブ、企業、ジャーナリスト、学生が集い、コミュニティーの土壌を生み出す目的で、東京でも何度も開催されている。

残念ながら、本気で起業家をめざすなら、アメリカやドイツに行っても仕方がない。日本など論外だ。北欧に住んで、フィンランドで起業する。そのためには20代、30代でスラッシュに参加すればいい。

起業に興味はないという人でも、今後は、北欧の最強国・フィンランドのベンチャーが日本に進出してくる可能性は十分にある。協業相手になることを見据えて、いまからアンテナを張っておくとよいだろう。

■日本人が住むのに最適なニュージーランド

アジア、アメリカ、ヨーロッパ以外にも、忘れてはならないのが、オセアニアである。オーストラリアとニュージーランドは、ワーキングホリデー（18歳以上31歳未満）で働いている日本人が多い国だ。

そのうち、私が住みたいと思うのは、ニュージーランドだ。

ニュージーランドは、社会のインフラが整っているうえに、日本と気候風土が似ていて、住みやすい。ニュージーランドは日本とほぼ同緯度にあり、四季の移り変わりを楽しめる。南島のほうにいけば、富良野のような自然に満ちた場所もあり、私のような北海道出身の人にはとくにおすすめだ。

何より、働く場所を見つけやすい。日本のミドルエイジが仕事を見つけるのは難しいかもしれないが、ニュージーランドの発展に貢献してくれる55歳までの人材を対象とした技能移民ビザや、定年後に2年間住むことができるリタイアメントビザ（ただし、高額な資産と投資が条件）がある。

自分の子ども世代ならワーキングホリデーも充実しており、ニュージーランドの場合、ビザ発給人数は無制限だ。一度、家族旅行で行ってみてもいいだろう。

■海外旅行では記者のように取材する

滞在でも旅行でも、海外に行ったら、一つでも多くのものを得ようと行動したほうがいい。さながら記者のように取材して回るのだ。

私も、毎年のように海外に行くのだが、そのつど、話題のスポットがあれば実際に足を運び、「体感」することにしている。

たとえば、先日、アメリカに行ったときには、ニューヨークに住むアメリカ人の友人と会うのが目的だったのだが、少し足を伸ばして、ワシントンD.C.のトランプホテルに泊まってみた。いま、トランプホテルに泊まったら、面白いだろうな、という好奇心からだ。トランプの悪口を言っていてもいいのだけど、ホテルが良いか悪いかは、泊まってみなければわからない。それなら、試してみようというわけだ。

泊まってみた結論は、ワシントンD.C.のトランプホテルは「非常に良い」。もともと郵政公社のビルなのだが、建物は石造りでガッシリしていて、内装はそれに合わせてうまくデザインされている。サービスも、マンダリンやフォーシーズンズといった一流ホテルといい勝負で、非常に満足できるものだった。

この経験だけでトランプのことを判断できるはずもないのだが、この宿泊を機に、私はトランプがただのならず者ではないと思うようになった。ビジネスリーダーとしての側面をもっと知りたくなったのだ。

■日本にはない超一流に触れるチャンスを逃すな

ちなみに、ほかにも、さまざまな国を旅し、多様なホテルに泊まってきたが、最も度肝を抜かれたのは、モロッコのマラケシュにある「アマンジェナ」というホテルだ。

ここは、高級ホテルで知られるアマングループのなかでも最高級のホテル。バトラー（専属の客室係）付きの部屋しか空きがなく、その部屋を選んだら、仰天した。朝と夕方に少し顔を出すどころか、なんとその部屋の隣に住んでいて、24時間対応してくれるのだ。嘘だと思い、部屋を見せてもらったら、本当に住んでいた。

「明日はどう過ごされますか？」と言われたので、メニューをたずねたら、最初に提案されたのが貸し切りヘリコプター回遊コース。ほかにはないかと聞くと、「ホースバック・ライディング（乗馬ツアー）はどうです？　ラクダも呼びますよ」ときた。さすが最高級のホテル、と思わずため息が漏れたものだ。

アマンジェナに宿泊したことで、ハワイの5つ星、4つ星ホテルのサービスは、じつはグレードを落としていることもわかった。だが、そうした一流のホテルは、ミドルレンジ、ローエンドの宿泊者にも、ハイエンド並みのサービスを提供している。

ハワイの一流ホテルにとって日本人観光客はせいぜいミドルレンジなのだろう。それほどお金を使わないから仕方がないが、ハイエンド並みのサービスができないホテルにはそもそも日本人は宿泊しない。だから、ハワイのホテルは日本人に人気なのだ。

こうしたことも海外の超一流に触れないと気付けない。

超一流を知れば、その下の一流、二流、三流も知ることができるというわけだ。

だが、残念ながら、旅館にしても、食事にしても、日本にいると超一流に触れる機会はほとんどない。そもそも、10万円、20万円を超えるサービスはほぼ皆無で、超一流が存在しないのだ。経験したければ、海外に行くしかない。

一般のビジネスパーソンだとなかなか機会に恵まれないと思うが、ぜひ一生に一度、チャンスがあれば、海外の超一流を味わってみてほしい。そして、そこで受けた感動を忘れないように、どんな形でもいいからレポートすることだ。ビジネスだけでなく、その後の人生が大転換するだろう。

もちろんお金を使わなくても、いろいろな現場を踏むようにすると、ネットを見ているだけでは得られない、さまざまな知見を得ることができる。これは後述するが、海外に行くとサイドビジネスの種も見つかることがある。それだけでも、海外旅行に行く価値があるというものだ。

■中国の大災害リスクをどう見るか

海外企業への転職に話を戻すと、家族の反対などで、「海外への転職は難しい」という人もいるだろう。

それなら、とりあえず、日本の外資系企業に勤めるという手もある。そうすれば、日本の市場が縮小したとしても、海外で働けるチャンスが出てくるかもしれない。仕事のなかで英語を使うことを求められれば、勉強せざるをえなくなるので、英語も身に付くだろう。

外資系企業というと、欧米の企業を思い浮かべる人が多いが、私が着目するのは、中国企業の日本法人だ。

正直言って、中国の生活環境はあまり良いとはいえない。

いまさら言うまでもないのは、環境汚染だ。北京や上海など大都市の空気は汚染がひどく、一日いるだけで喉が痛くなってしまうレベルだ。

前述したように、スマホ一つあれば何でも買えるようにはなっているが、逆に言うと、アリペイなどに紐づけされたスマホがないと、自由にモノが買えないし、国家の「監視」もいっそう強化されている。監視によって中国人のマナーは良くなるかもしれないが、日本人にとっては窮屈なだけだ。

大災害のリスクも、日本以上かもしれない。

２００９年に稼働した世界最大の「三峡《さんきょう》ダム」は、豪雨や干ばつ、生態系の破壊、はたまた大きな地震の原因となっているといわれ、決壊の危険性も指摘されている。もし決壊したら、長江流域に大洪水が発生し、作物は全滅し、何百、何千万人もの人が犠牲になる可能性が高い。長江の下流にあたる上海も、電力や飲み水が行き渡らなくなり、都市機能が麻痺すると予測されている。

眼前に危険が迫っているというのに、中国では「南水北調《なんすいほくちょう》」といって、古来から水不足に悩んでいる北京や天津など中国北部に、南部の長江の水を送ろうとするプロジェクトが始まっている。５０００億元もの大金を投じ、すでに送水するための運河のうち、２本は完成している。

このような自然に逆らうような水の流れを人工的につくったことで、北部の人は助かっているようだが、なんと地球の自転がわずかに遅くなった、という信じられないような話も聞く。このプロジェクトの規模は三峡ダムの比ではなく、将来、中国の自然環境に何らかの悪影響を及ぼす可能性は低くないだろう。

■アリババ、小米《シャオミ》の日本法人に勤めるのも一つの手

こうしたことを考えると、とても中国に住む気にはなれないのだが、近い将来、中国がアメリカに代わって、世界最強の国になるのは疑いようがない。

人口は13億人を超えたいまも増え続けているので、消費はますます活発になり、高率の経済成長は今後も続いていくだろう。科学技術に関する投資もハンパではないので、ノーベル賞もいずれ中国人だらけになるだろうし、その研究の成果が、国や企業に還元され、さらに富を生む。ＧＤＰが世界最大になるのは時間の問題だ。

そうなると、株式市場もいま以上に拡大するので、中国企業がさらにお金を持ち始めるに違いない。現在でさえも中国マネーが世界を席巻していて、サッカーワールドカッ

プ（W杯）ロシア大会でも、サッカー場は中国企業の広告が溢れていたが、その勢いはさらに加速するということだ。

そもそも、中国は過去4000年間のうち、3800年は世界最強国家であり、直近の200年間、清朝の満州族と毛沢東が国をダメにしただけだから、たんに元の姿に戻るにすぎない。世界最強になることは、何の不思議もないわけだ。

それに、いまの10代、20代は中国に対する偏見も少ないので、そのうち「クール中国」などと賞賛する日も到来するかもしれない。

こうした未来を踏まえると、いまのうちに、中国企業で働いていれば、日本法人だとしても、経済成長の恩恵に与《あずか》ることができるのは間違いない。アメリカのグーグルやアマゾンなどで働くより、アリババや小米《シャオミ》などで働いたほうが、大きな富を手にする可能性が高いのではないだろうか。

■外資系企業の社長、支社長はラクなわりに高収入

最も手っ取り早いのは、子会社の社長になることだ。

外資系企業の子会社の社長や支社長というのは、本社と子会社をつなぐ役割に近いが、ラクなわりに、収入が高く、いい思いができる。これは、私自身が、マイクロソフトの日本法人の社長になったときに身をもって体験したことだ。

アメリカ出張のときに、アロハを着て、紙袋しか持っていなくても、何のおとがめも受けなかった。現地のオフィスにスーツや資料など必要なものは置いてあるから、基本手ぶらでも問題ないのだ。移動中の機内では、仕事のことは考えず、脳を休ませる。昔もいまもこれは変わらない。

そういえば、かつてモルガン銀行の東京支店長をしていて、いまは参議院議員をしている藤巻健史《ふじまきたけし》氏や、かつてゴールドマン・サックスの共同経営者をしていて現在はマネックス証券のCEOをしている松本大《おおき》氏も、空港で会ったら紙袋しか持っていなかった。これは余談だが、外資系企業のトップというのは、それぐらいのことが許されるというわけだ。

中国企業だけではなく、北欧や東南アジアの企業の日本法人を狙っても、いいだろう。

20代のころ自動車部品メーカーに勤めているとき、スイスに本社を置くプレス機械会社の東京支社を訪れたことがある。

オフィスといってもマンションの一室なのだが、日本法人とはいえ外資系企業と直接取り引きするのだから、緊張しないわけがない。意を決してドアを開けると、年配のヨーロッパ人が3名だけで、ほかに誰もいない。「よく来たね」と言葉をかけられ、早速商談を始めようとしたら、「紅茶を飲んでからにしよう」というので、すっかり拍子抜けしてしまった。

クラシックが流れる部屋で話を聞くと、3名ともCEOやCFOなど何らかの要職に就いており、取り扱う製品を3年間で3台売れば自分たちの仕事は終わりだという。最低限のノルマさえ達成すればOKだから、彼らは決して無理はせず、仕事を頑張る必要はないのだ。

もちろん時代が違うので、こうした極端な事例は珍しいにしても、ヨーロッパ系の子会社だと優雅に仕事をしている支社長はじつに多い。

つらつらと海外企業への転職の可能性について述べてきたが、日本にだけ目を向けるのはもったいない理由がおわかりいただけただろう。大きなチャンスを掴みたければ、転職先の選択肢を国外まで広げておくことが何よりも大切である。

第4章

会社を
辞められないなら、
一つの趣味に
全精力を傾けよ

■好きなことを趣味にして、「副業」にする

ここまで、いまの会社を辞めて、地方や海外の企業に転職しようという話をしてきたが、やはり転職する勇気はない……という人もいるかもしれない。

そんなあなたには、「趣味」に生きる人生を送ることをおすすめする。

こう言うと、「お金を稼ぐのをあきらめて楽しく生きる」とか「役職定年後の生きがいを見つける」という意味ですすめているように見えるかもしれないが、それだけではない。

ミドルエイジのうちから趣味に打ち込んでいると、新たな収入源を確保することにもつながるのだ。

1~2年興じたくらいではお金にならないが、長年続けていれば、お金が稼げる趣味は意外とある。経団連に加盟している企業のサラリーマン社長より、趣味を極めた人のほうが稼いでいるケースも少なくない。

いまのうちに趣味を本気でやっておけば、60代、70代になってもお金を稼ぐ手段が確

保できるだろう。稼ぎは小さくても、会社以外の収入源を一つでももっていれば、仮にリストラされても、途方に暮れずに済む。

楽しみながら、将来のリスクヘッジもできるのだから、こんなに良いことはない。

もちろん、趣味には、人生を豊かにする役割もある。

毎日仕事ばかりしていたら、いつか必ず行き詰まる日が来る。仕事人間のまま定年を迎えると、何の肩書きもないまま、世間に放り出される。その状態で、何かを一から始めるのは、気力の面でも体力の面でもしんどいだろう。そして、何もできない自分に気付いてしまい、がく然とするのがオチだ。「１００年生きる」と言われる時代に、長い余生を何もしないまま過ごすのは、むしろ苦行ではないか。

好きなことをやり続けると、おのずと仲間も増えるし、健康にもなる。あくまで主観だが、趣味に没頭している人は、みんな元気だ。いまの生活に潤いを与える意味でも、何かを始めてみることをおすすめする。

■1匹のメダカが2、3年分の年収を生み出す

いま現在、趣味をもっていないという人は、何を始めればいいか、悩んでしまうかもしれない。「稼げる趣味」と考えれば、なおさら悩むだろう。

そこで、稼げる趣味として、私がすすめるのは、「何かを育てる」ことだ。

なかでも一押しは「盆栽」だ。

いま、盆栽は、北米を始め、海外でもかなり人気があり、20年以上にわたって丹精に育て上げた盆栽は、一つにつき、１００万円単位で売れることもある。40代で始めれば、20年どころか、30年、40年にわたって育てることもできるから、かなり高値で売れる可能性がある。

育てるといっても、水やりや置き場所、ちょっとした手入れをすればいいだけだ。一人で黙々と世話をすればいいので、話すのが苦手な人でも、ストレスなく楽しめるのがいい。メーカーで回路設計を作っていたような技術者なら、手先が器用なのであっという間に上達するかもしれない。ＡＩに職を奪われたら盆栽を育てるのも一つの手だ。

育てる盆栽が増えてきたら、郊外の安い庭付きの一軒家を手に入れ、本格的に育てていけば、そこは宝の山となる。

正直に言うと、私は、若いころに盆栽を始めなかったことを後悔している。家庭菜園でミニトマトやミントを育てている人はいるかと思うが、同じ植物を育てるなら盆栽にしたほうが絶対にいい。

魚や昆虫などの「育種」をするのも、実益を兼ねた趣味になりうる。育種とは、異なる品種の交配などによって、改良品種を生みだすことだ。

たとえば、ある知人は、会社員時代からメダカの育種をしているのだが、珍しいメダカを生み出せると、なんと１匹あたり１２００万円で売れるそうだ。もちろん、そこまでに交配の苦労はあるのだが、数センチのメダカが一般ビジネスパーソンの２、３年分の年収に匹敵する金額を生み出すのだから、苦労の甲斐はある。

さらに高値で売れるのは、サボテンのような多肉植物だ。交配して珍しいものができると、なんと億単位で売れることもあるという。サボテンは、メダカと違って、世界中に愛好家がいるので、売れる金額のケタが違う。それこそロシア人や中国人の大富豪がこぞって買い集めるくらいだ。

しかし、こうした育種は、誰でもできるわけではない。じつは生まれもった才能が必要だ。

金魚やメダカを育てるプロフェッショナルに聞いた話だが、なぜ彼らが食えているかといえば、「魚の色の違いがわかるから」だそうだ。交配時には、何百匹といるなかから、かすかに異なる色をしているものを見分けて、選び出す能力が求められる。そうした微妙な色の違いはオングストローム（1億分の1センチ＝0・1ナノメートル）単位だそうだが、この手の育種のプロは、その色を識別する能力が驚異的に高いという。

しかも、これは後天的に鍛えられるものではなく、先天的に備わっている能力だそうだ。

そうはいっても、「自分に才能はない」と決め込み、肩を落とす必要はない。誰しも、他人が羨《うらや》むとびきりの特技を必ず一つはもっているはずだ。

『ドラえもん』ののび太も、運動や勉強がまったくダメでも、射撃やあやとりの技量は天才的だ。類《たぐい》まれな能力を見つけられたら、儲けものである。

社内ではパッとしない社員も、びっくりするような才能を秘めている可能性は十分にある。詳しくは後述するので、ぜひ読者も先天的な才能を見つけ出してほしい。

■プラモデル制作で100万円をゲット

「作る」ということでいえば、「プラモデル」もお金を生み出せる趣味の一つだ。手先が器用で凝り性の人ならチャンスがある。

最近のプラモデルは、市販のものでも彩色が済んでいてクオリティが高いのだが、そこからさらに手を加えることで、高く売ることができる。

たとえば、「戦艦大和」は、プラモデラーが、２万円程度のキットを丁寧に組み立てて塗装すると、ネットオークションなどで、40万円、50万円で売れるそうだ。それを上回るのが、ガンダムのプラモデル。複雑な設計のものだと、１００万円近くで売れることもあるという。

ただ、人気の高い分野はライバルが多いし、レベルが高過ぎて、勝負にならない。たとえば、ガンダムはもはや人間が作れるようなレベルを超えてしまっている。100分の1ミリの鋲《びょう》を20個打っている、というような微細な加工を施して当たり前という世界だ。

戦艦や城など昔から愛好家の多い分野も、参入障壁は高い。最新のキャラクターなど、新たに出てきたニッチな分野に、アンテナを張っておくと良いかもしれない。

プラモデルが高く売れるようになった背景には、インターネットを通じて、ワールドワイドに売れるようになったことがある。買い手は世界中にたくさんいるのだが、上手に作れる人が少ないので、わざわざ日本のプラモデラーの作品を買うという。

最近だと、3Dプリンターを使って、ディテールにこだわるためのパーツを作って売るプラモデラーも現れた。

毎号付属のパーツを集めてロボットや模型を完成させるデアゴスティーニのマガジンシリーズから週刊『スター・ウォーズ ミレニアム・ファルコン』が発売されたときは驚いた。完成品は15万円で売れるのだが、ディテールアップするためのパーツを3Dプリンターで量産し、ワンセット１５００円ほどで販売するプラモデラーが何百人も存在する。なかには、世界中で30万個売った強者もいたほどだ。

■次元が違うイギリス、アメリカの趣味

ちなみに、プラモデルが得意な国は日本やベトナム、チェコが有名で、最近、中国でも盛んに作られるようになっている。意外にもドイツ人は苦手らしい。さらに余談だが、木造の帆船模型はイタリアとスペインが強い。

趣味を最上級のビジネスにまで高めている国はイギリスとアメリカだ。イギリス人は蒸気機関車がとにかく好きで、鉄道模型を専門に扱う『British Railway Modelling(BRM)』という雑誌が１００万部売れるほどだ。

イギリスが蒸気機関車なら、アメリカ人はジェットエンジンだろう。12気筒のエンジン模型だが、タービンから手作りしている。それでいて１２０馬力も出せるのだから、レベルが違う。アメリカ人のジェットエンジンに向ける情熱と制作の細やかさは、間違

いなく世界一だろう。プラモデルは20ミリずれてもＯＫだが、ジェットエンジンは１ミリずれたら、その瞬間に大爆発である。まさに命がけの趣味である。

アメリカでは、年に一度、手作り飛行機大会が行なわれている。もちろんキットも含めて手作りである。参加者は各地から自前のジェット機に乗ってやってくる。１万機ほど集まることもあるそうだ。

アメリカのジェットエンジンは別格だが、プラモデル制作に真剣に取り組めば、そんじょそこらのアルバイトよりも良い稼ぎになるだろう。

■コレクションは意外と元手が要らない

「コレクション」も、ビジネスパーソンが始めやすく、お金になりやすい趣味だ。

コレクションというと元手が必要なイメージがあるかもしれないが、それはカメラや時計などのように、一つ買うだけでも高価なものだけ。

一つずつ時間をかけて買い集めていくモノは、意外と元手がかからない。お金持ちでなくてもできるのだ。しかも自分の好きなものに、１０００円、２０００円の投資を積み重ねていくだけで、気付いたら宝物に囲まれているわけだ。

その良い例が、ブリキのおもちゃ博物館の館長である北原照久氏。若い頃から、数千円のブリキのおもちゃを一つずつ買い集めた結果、それらがものすごい価値を生み、海沿いに豪邸を建てるほどの財を築くことができたという。

ライカのカメラ、レコード、時計、ワイン、ビールの王冠……。どんなものでも時間をかけて集めれば、家が一軒建つぐらいの財産を築き上げられるのである。

私も以前からジャズレコードの初版だけを集めている。売却したらまとまった金額になるだろう。

有名人のタバコの吸い殻を集めている漫画家がいるが、これだってバカにしたものではなく、資産になり得る。どんなものでも根気よく集めていれば、意外と価値が出てくるものだ。

まずは、最初の１台、１個から収集してみたらどうだろうか。

■コンビニアイスを毎日食べたら、商品開発者に!?

営業マンなど外出が多い人なら、「食べ歩き」もいいだろう。

何かのメニューに特化して、1000食、2000食と食べ続けていると、その道の専門家として認められる。本の出版やテレビの出演だけでなく、商品開発のアドバイザーとして企業に呼ばれることもあるようだ。うまくいけば、それだけで食べていけるようになる可能性もある。

お金をかけて高級店をまわる必要もない。B級グルメで十分だ。

たとえば、アイスマン福留《ふくとめ》さんは、コンビニで売っているアイスを毎日食べ続けて、自分のサイトにレポートを載せていたら、「コンビニアイス評論家」と認知された。アイス関係のイベントには呼ばれるし、「マツコの知らない世界」(TBS)などマスコミからも引っ張りだこになった。いまは、アイスの新製品開発にも関わっているという。

アイスの食べ過ぎで、しょっちゅうおなかを壊しているそうだが、趣味をうまく稼ぎに変えた好例だろう。

グルメエンターテイナーのフォーリンデブはっしーさんは、会社に勤めながら、ごはんのオカズをテーマに飲食店情報をブログにアップし続け、人気ブロガーに。いまでは、お肉博士とお米ソムリエの資格を持ち、農林水産省の国産食材アンバサダーやＪリーグの親善大使まで務めるようになったのだから驚きだ。たんなる食べ歩きではなく、誰もが好きな「ごはん」に軸足を置き、ほかのブログと差別化したのが成功の要因だろう。

ほかにもラーメンやカレー、スイーツはすでに専門家があふれているし、チャーハン評論家や冷やし中華評論家などもいるようだが、探せば、まだ手つかずの分野はあるはずだ。

■「好きなこと」「楽しいこと」が大前提

趣味は何でもかまわないと思うが、成功するためには、いくつかポイントがある。

その一つは、ビジネスとしての可能性よりも、「好きなこと」「楽しいこと」を選ぶことだ。

自分の好きなことは、大抵の場合、自分に向いているものだ。運動神経のない人が、体操選手をめざそうとは普通思わない。苦しい、と感じたら続かないからだ。続かないと上達しないし、上達しなければお金をもらう「プロ」にはなれない。

どの程度やればお金が稼げるようになるのかは、趣味によって異なるが、3000時間も費やせば、ある程度、モノになると思われる。

3000時間とは、英語の習得に必要だと言われている時間だ。以前、同時通訳者の鳥飼玖美子《とりかいくみこ》氏が、日本人でも、3000時間も英語に触れれば、日常会話はできるようになる、と言っていた。趣味も同じぐらいの時間を費やせば、ものになるだろう。

1日1時間を9年弱行なえば3000時間に到達するから、40代のうちに始めれば、役職定年までには十分間に合う計算だ。先ほどのラーメン評論家になりたいなら、最低2000杯は食べないと名乗れないだろう。いくら好物でも1年で200杯超が限界だろうし、やはり9年はかかる。始めるなら早いに越したことはない。

ジャンルにもよるが、スポーツでも1000時間経験すれば、プロレベルに到達する。いまから競技人口の少ないスポーツにのめり込めば、東京オリンピックは無理でも、10年後、20年後にオリンピック種目に選ばれたときに、日の丸を背負ってプレイできるかもしれない。

たとえば、「ボビナム」は中国拳法、古武術、レスリングなどの要素が組み合わされたベトナムの総合武術だ。世界45カ国に広がる世界的なスポーツだが、意外にもオリンピック種目ではない。競技人口はまだ少なく日本人も好成績を残せそうなので、チャレンジしてもいいかもしれない。

しかし、仕事や家庭をもちながら、毎日１時間、９年にわたって趣味を続けるのは、かなり大変だ。継続するには、ぼんやりとでもマネタイズすることを考えておいたほうがいいのだが、それだけをモチベーションにしていたら、絶対に続かない。仕事の効率を上げて早く帰ろうという気も起こらないだろう。繰り返すが、好きで楽しめる趣味であることが大前提なのだ。

もちろん、やってみないことには、好きなことや楽しいことは見つからない。そこでおすすめするのが、最初のうちは並行して、さまざまな趣味にトライしてみることだ。するると必ず、面白い、楽しいと思えるだけでなく、儲けられそうな趣味が見つかるはずだ。

もう一つのポイントは、やはりネットが必須になるということだ。先述のプラモデル制作の例も、コレクターの例も何らかのかたちで世の中に情報発信している。

毎日ブログを更新しろとは言わないが、それがきっかけで、マスコミ関係者の目に留まり、一気にブレイクする例は枚挙にいとまがないほどある。

ただし、間違ってもブログを書籍化しよう、などという下心はこの段階では捨てるべきだ。有名になってから書籍にするならまだしも、無名ブロガーがいきなりベストセラーを出せるほど世の中は甘くはない。

いずれにしても無理をせず、自分のペースで情報発信するのがいい。

■「音楽」「文章」「絵」の才能に気付いたら、プロをめざせ

「自分には向いていない」と思っていたことも、試しにやってみると、自分の意外な才能に遭遇することがある。

とくに「絵を描くこと」「楽器を奏でること・歌うこと」「文章を書くこと」は先天的な才能が物をいう。

学生時代は気付かなかっただけで、じつは才能があったということは少なくない。

友人で大人に油絵を教えている先生がいるのだが、ズブの素人《しろうと》なのに、初日からめちゃくちゃ上手く描ける生徒が、何十人かに１人、現れるそうだ。そういう人なら、50代であってもプロをめざせるだろう。

ピアノも、50代ぐらいから始めたのに、指が動かないどころか、プロ顔負けのレベルまで上達する人がいるらしい。ピアノはプロがたくさんいるので、正攻法でいったらお金にはならないが、アイデア次第でそこそこお金が手に入る。

たとえば、「未経験の男性でも1曲だけ弾けるようになるまで教える」というような、気軽にできるレッスンを始めたら、カッコつけたいオジサンどもが興味を示すのではないか。

楽器ではなく、歌を始めてもいい。知人に、AIの会社で技術部長をしている女性がいるのだが、その一方でジャズシンガーとしても活動していて、ジャズクラブで歌っては一晩5万円ぐらい稼いでいるそうだ。

歌の場合は稼げなくても、人並み以上に歌えるだけで、間違いなくモテる。私の飲み仲間の新聞記者は、外見はまったくうだつが上がらないのだが、歌がうまいという一点だけで、スナックの女性にやたらとモテるのである。不純な動機だが、才能がなくても、カラオケ上達のためにスクールに通って損はしないだろう。

文才についてはどうか。私が主宰している書評サイト「HONZ」の執筆陣にも、ブログの書評の素晴らしさを見て思わずヘッドハントしたメンバーがいる。彼は高校中退で暴走族の構成員をしていて、本をまったく読んでこなかったそうだ。

私が読んだブログの書評というのも、工場の工員として働くなかで、突然、本を読み、初めて書いた書評だったそうだ。これは才能以外の何者でもない。そもそも私も、「ＨＯＮＺ」で書評を書き始める前は、書評はおろか、文章もろくに書いてこなかった人間だ。もちろん、訓練など一切していない。

こうした隠れた才能は、やってみなければ見つからないものだ。もし、私が30代、40代だったとしたら、ＮＨＫの水彩画教室やヤマハの音楽教室などに、試しに通うことだろう。万が一、先天的な才能に気付いたら、迷わずプロをめざす。

読者の皆さんも、騙されたと思って、いろいろなことにチャレンジしてみてほしい。

■テーマをズラせば、ライバルがいなくなる

趣味でお金を稼ぐためには、「できるだけ競争相手が少ないジャンルを探すこと」も、ポイントだ。

たとえば、ゴルフや野球、サッカーは、競技人口もファンの数も多いので、新参者がお金を稼げるようなビジネスの種は、なかなか見つからない。

ただし、ライバルが多い分野でも、テーマをズラせば、競争相手を減らすことができる。

たとえば、「写真」を趣味にしている人は山ほどいるから、漫然とやっていてもお金は稼げないが、「日本百名山が見える神社だけを撮影している」としたら、ライバルはほとんどいなくなるだろう。しかも、「日本百名山にすべて行っているけれども、麓《ふもと》まで行くだけで、一つも登ったことがない」としたら、インパクトもある。

『絶対登らない日本百名山』『日本百名山を見る』などという写真集を出せるかもしれないし、日本百名山を見る名所ガイドの仕事も回ってくるかもしれない。

キャンピングカーで宿泊しながら山を回れば、数年もかけずに、百の山を〝制覇〟できるだろう。旅の道中をネット配信したら、きっと誰かが面白がってまとめサイトを作るはずだ。

また、ちょっと高等テクニックだが、戦略的に自己プロデュースを行なえば、競争相手が多い分野でもお金を稼げるようになる。

日本マイクロソフト時代の部下が、その好例だ。この人は、奥さんが陶芸教室に通いだしたのに影響を受けて、自分も陶芸を始めたのだが、本業でセールスマーケティングをしていた知識を生かして、自分自身を陶芸家としてブランディングを始めた。

出身地の佐賀から土を買い、富士山の麓で釉薬《ゆうやく》用のススキを買って、自宅でコツコツ作品を作ると、なんと、開始から半年後に、目黒の焼き物屋さんのギャラリーを借りて、個展を開催してしまった。「○○先生来たる！」などという看板が掲げられ、中に入ってみると、立派な作務衣《さむえ》を着て出迎えてくれた。はたから見たら、とても始めて半年の「素人陶芸家」とは思えない。

さらに、この人のスゴイところは、それから何年も経たないうちに、退職金を使い、パリのルーブル美術館の貸しギャラリーを数十万円で借り切って、個展を開いたことだ。

すると、たまたまイギリスのセーラ元妃が訪れたりして、大盛況。その勢いで、プロの陶芸家に転身した。おっさんとはいえ、カボチャの馬車に乗って見事にシンデレラストーリーを実現したわけだ。

もちろん、経歴詐称《さしょう》などはしていないので、決して、詐欺師ではない。ブランディングの勝利といっていいだろう。こんなやり方もあるというわけだ。

■人前で披露して、趣味をアップデートする

趣味を少しでも生活の足しにしたいと考えているなら、どんどんアウトプットすべきだ。具体的には、人前で披露する機会を増やせばいい。

知り合いの編集者に東京都民交響楽団のオーボエ奏者がいるが、かなりの腕前だ。コンサートで頻繁に演奏しているから、自然と上達したそうだ。

また、タップダンスは舞台映えするので、人前で披露しやすい趣味といえる。水谷豊や北野武がテレビで披露しているのを観て、思わず「かっこいい」と呟いてしまった。

ネットなどで「出張タップダンスやります」と告知すれば、面白がって依頼する人は

必ずいる。パーティー会場で、ショボイ恰好《かっこう》をしたおっさんが、突然、フラッシュモブのように、華麗にタップダンスを決め込む。これだけで10万円は取れるだろう。

趣味とはいえど、自分の世界だけで閉じこもっていたら、成長しない。人前で披露し、客観的な評価をもらうことで、これからの課題や目標を把握できる。趣味を趣味で終わらせないためには、つねにアップデートし続けることが必要不可欠なのだ。

■ランチや結婚式を断って、趣味の時間を確保

もちろん、忙しいなか、毎日1時間を趣味に費やすのは容易ではない。時間を捻出《ねんしゅつ》する工夫が必要だ。

最も効果が大きいのは、仕事をさっさと切り上げることだ。働き方改革で残業を禁止する会社が増えてきているが、それでも1～2時間は残業している人が多いのではないかと思う。

この調子では、1日1時間も捻出できない。定時に帰るよう、一刻も早く仕事の効率

化を図るべきだ。

自分のリソースを最大限に費やすのではなく、クビにならない程度に、適度にやるというのもアリだと思う。40代にもなれば、ある程度、会社人生の先が見えてくるはず。大して出世が見込めないのに全力を傾けるのは、時間のムダだ。

自分の生活を見直して、「時間がかかることをすべて断る」のも一つの手だ。

所ジョージさんは、趣味の時間を確保するため、打ち合わせに時間のかかる仕事や移動時間の長い仕事は避けるという。

私の場合は、余計な人づき合いを一切しないと決めている。

日本マイクロソフトを辞めてからは、元社員にはほとんど会っていないし、飲み会もランチの誘いも、結婚式も葬式もすべて断っている。元の部下には「成毛さん、冷たいですよね」と言われるが、まったく気にしない。「自分の人生で何が大事か」を考えれば、すっぱり断れるようになる。こうやって割り切れば、想像以上に時間を作り出せるはずだ。

時間を作れたら、あとは趣味に集中して臨むこと。「ちょっとだけ」などといって、帰宅してテレビでバラエティ番組やスポーツ中継を観て寛《くつろ》いでいるようでは、永遠に趣味で食えるわけがない。目の前の趣味だけにひたすら没頭することが大切だ。

第5章

勤めながらでもＯＫ！超速で自分の会社を設立せよ

■ユーチューブやブログで儲けるという発想は捨てる

ここまで「趣味で稼ぐ」という話をしてきたが、もう一つの収入源を確保するために、サイドビジネスに挑戦するのもいいだろう。

第4章の趣味でもお話ししたが、サイドビジネスに関しても、多くの人がやっているものには手を出すべきではない。

たとえば、ユーチューブで儲けるという発想は捨てたほうがいい。本気でやっている「プロユーチューバー」に割って入るのは並大抵ではないからだ。相当な才覚が必要だし、仕事を辞めて1日中動画の制作に没頭する必要もある。小遣い稼ぎ程度ならそこまでしなくてもいいかもしれないが、頑張っても、せいぜい月数千円といったところが関の山だろう。

ブログに関しても同じことがいえる。いまさらグーグルのアドセンスやアフィリエイトなどで月何万円も稼ぐのはきわめて厳しい。

「ブログを書いて、ゆくゆくは本にしたい」という人もいるが、先述したようにブログの内容をそのまま本にはできないし、幸運が続いて書籍化できても、大して儲からない。数年がかりで20〜30万円の印税をもらえれば大成功の部類に入る。思い出作りにはなっても、それで食えるということはない。

ホリエモンやはあちゅうはネットコンテンツを何冊も書籍化しているが、本の出版がゴールではない。ブランディングとビジネスプランがしっかりと構築されていて、ファンが満足するサービスをオンラインサロンやイベントを通して提供している。本はその導入にすぎない。両者のように、サービスを点ではなく線、面展開できるビジネスセンスがないと、ネット発のサイドビジネスは難しいだろう。

もちろん、「仕事から帰宅した後に、コンビニでアルバイトをする」というように、時間を切り売りするようなことをしていたら、いつまで経っても儲からないし、体が擦り切れていくだけだ。

では、どうするか？

サイドビジネスで稼ぎたいなら、他の人がやっていないことをするのが鉄則だ。

■地方の酒屋で、白酒を探し出せ

とはいえ、「他の人がやっていないことなんて、なかなか見つけ出せない……」という人は多いだろう。たしかに、「これまで誰もやったことのない新しいビジネスを始める」というのはハードルが高い。

しかし、「面倒くさくて、他の人がやりたがらない」ということなら、比較的簡単に始められるし、うまくいけば儲けることができる。

その典型が、希少価値のあるものを根気よく探して、それを見つけ出し、ヤフオクやメルカリなどで転売することだ。これは面倒なうえ、頑張っても成果が出るかわからないので、多くの人は手を出さない。しかし、そうした隠れた財宝は国内に驚くほど多く存在する。

問題は、どんな「希少価値のあるもの」を探すかだが、商売のタネは、手の届くところに、意外なほどたくさん転がっている。

たとえば、中国の白酒《パイチュウ》をご存じだろうか。祝い事の時に飲まれるお酒で、年代物の白酒をネットオークションで売ると、1本数十万円、下手すると100万円以上で売れるシロモノだ。

じつは、そんな高価な白酒が、日本の地方の酒店に二束三文で売られていることがある。かつて、中国国内で消費されなかった白酒のうち、日本に安値で輸出されたものが、いまも売れ残っているのだ。あろうことか、インターネットを利用しない高齢の店主はその価値に気付いていないのである。

酒店だけでなく、中華料理店にも何気なく置かれていることがあるそうで、これらを仕入れて、ヤフオクやメルカリに出品すれば、一本で何十万円も儲かることがあると聞く。まさに灯台下暗しである。

こうした商材がないか、つねにアンテナを張り続ければよい。

商材が決まってしまえば、あとは探すだけ。地方に出張が多い人や、休日のドライブが趣味という人は、宝探しのごとく何か落ちていないか、目を皿にして観察することだ。習慣づければ、いつか必ず思わぬ臨時収入を得られるようになる。

■海外製品を転売するための意外なテクニック

他の人がやっていないサイドビジネスを見つけ出すには、「海外に目を向ける」のも効果的だ。

第3章で「海外の企業に転職をする」という話をしたが、サイドビジネスに関しても、海外にはチャンスがある。

その一つが、海外の商品を仕入れて、日本で売ることだ。

繰り返しになるが、日本人は、高度成長の頃から、「日本の商品が世界で一番良い」と思い込んでいるふしがある。最近では、テレビで、「いかに日本が良いか」という番組ばかりやっているから、ますますそういう考えが強くなっているのではないかと思う(ちなみに、私は、外国人が日本に来て、いかに日本が良い国か、ほめちぎる番組は愚の骨頂だと思っている)。

しかし、日本製よりも、海外で作られたモノのほうが、品質も機能もデザインも良いというケースは山ほどある。そうしたものを探し出し、メルカリやネットオークションで試しに売れれば、売れる商品を容易に見つけ出せる。いまは、皆がメイドインジャパンに目がいっているので、ライバルは意外に少ない。

しかもわざわざ海外に行って、商品を仕入れることはできなくても、海外の商品を売買することはできる。

まず、海外の販売サイトやネットオークションなどで、自分が欲しいと思える商品を探し出し、一個だけ購入してみるのだ。自分で試しに使ってみて、良い商品なら、いくつか仕入れて、日本で売ってみればいい。一つ数千円程度の商品ならば、それほど懐も痛まないはずだ。簡単なメールのやり取りだけで、英語力は中学生レベルでも十分。

ちなみに海外の商品を売る時のポイントは、英語などで書かれたマニュアルを翻訳し、日本語のマニュアルをつけること。多少の英語力があれば、辞書を使えば、それなりに翻訳できるものだ。そのひと手間だけで、商品が途端に売れ出すことは少なくない。同じ商品を何度も売れれば、１回の翻訳で何度も儲かる。

具体的に何を売ればいいかわからないという人は、海外のドラッグストアに普通に並んでいて、日本にはない商品を選べばよい。海外に住む日本人は当たり前に知っていても、国内に留まる日本人には知られていない商品は無数にある。そういった掘り出し物を見つけるために、海外通の知り合いに聞いたり、ネットサーフィンで調べるのだ。

私のおすすめは美容・化粧品関係である。日本を訪れる中国人がドラッグストアで化粧品を大量に購入する光景を見かけるが、逆に、日本人が海外のドラッグストアで購入するモノを仕入れればよいのである。

たとえば、まつげがぐんぐん伸びる美容液。育毛剤にも使われるアミノ酸が含まれており、ひと塗りするだけで、1カ月もかからずに生えそろう。エクステがバカらしくなるほど効果てき面らしい。すでに日本では出回っているが、数年前に仕入れていたら、儲けられたかもしれない。

■米、酒、文房具の個人輸出にチャレンジする

少し上級編だが、逆に日本の優れた製品を海外へ輸出するというのも、サイドビジネ

スとしてはアリだと思う。

海外の人がほしがるような人気商品はすでに輸出され尽くしたと思われがちだが、決してそんなことはない。中小企業や小規模な農家などが作っているものは、中小商社でも扱おうとしないし、自分たちで海外に輸出する余裕がないので、埋もれていることが多々ある。

そうした商品の一つが、「日本の米」だ。

日本の米は高すぎて海外には売れないといわれてきたが、財務省の貿易統計によると、２０１１年からの5年間で、輸出量が４・７倍に伸びている。とくに香港やシンガポールなどへの輸出量が増えているという。少々高くてもいいからおいしい米を食べたい、というアジアの人びとに売れているというわけだ。

日本酒も、「獺祭」などはもはや半分は海外に輸出されているという話も聞く。「獺祭」がそこまで売れるのならば、ほかの日本酒にだって十分チャンスはあると思うが、売り出していないものは多い。

もし、貿易に関するノウハウを多少でももっているなら、そうした商品を海外で売るお手伝いをすれば、商売になる可能性は十分ある。

とくにフランス人は、日本の禅や茶道、歌舞伎、漫画など、日本人以上に日本の文化に精通している。あえて、フランス向けに商売を始めてもうまくいくと思う。

食品など規制の厳しい商品でなければ、ネットオークションやアマゾンを使い、少量からでも、海外に販売することもできる。それで試してみることで、固定客がつき、オークションを介さずに直接販売するという取引に発展させることも期待できる。

私が１００％イケると思っているのは、日本の文房具を海外で売ることだ。

盲目的にメイドインジャパンを礼讃するのは好きではないが、文房具だけは圧倒的に日本のものが優れていると思う。１メートル以上、途切れずに線が書けるボールペンを作れる国はおそらく日本だけだろう。ほかの国でも本気になれば作れるだろうから、こだわりの問題だとは思うが、それにしても質が高い。

文房具に限らず、意外と海外で売っていないものはあるから、ぜひ探してみることをおすすめする。

■物販を始めるために１円で自分の会社を設立しよう

海外の商品を扱うにしても、国内の商品を扱うにしても、稼ぐチャンスを少しでも増やしたいなら、やっておくべきことがある。

それは、「副業用に、自分の会社を設立すること」だ。

なぜかというと、自分の会社をもっていると、国内外の旅行先などで良さげな商材を見つけた時に、「サンプルとしていくつか仕入れたい」と交渉できるからだ。すると、店頭価格よりも安い卸値で、あるいは無料でサンプルを譲ってくれることがある。これは法人格だからできることで、個人事業主では交渉に応じてもらえない。

また、日本の場合、個人に卸すと、税務署に脱税の疑いをかけられることがあるので、個人事業主との取引は敬遠されがちだ。

会社をもっていると、ビジネスの選択肢は大きく広がる。思い立ったら１秒ですぐにビジネスを始めることも可能だ。儲けられるチャンスをむざむざ逃したくなければ、会社をつくっておくに越したことはない。

最近は、1円の資本金で株式会社を設立できるようになり、ハードルはぐっと下がっている。さらに、経営者と出資者が同一の形態をとるLLC（合同会社）にすれば、株式会社よりも初期費用を抑えて、会社を設立することが可能だ。登記の書類を作るにしても、税理士などが余りに余っているので、ネットで募集をかければ安く引き受けてくれる人はすぐに見つかるだろう。

会社としての体裁を整えることも、簡単にできるようになった。

たとえば、自社のホームページは、無料の作成ツールを使って立ち上げられるようになっているし、ロゴマークも専門サイトから無料で作成できる。

先日、うちの娘にも、副業用の会社を作ることをすすめたら、わずか数時間で、会社名を決めるだけでなく、ホームページのURLを取得し、会社のロゴまでつくっていた。

「HONZ」も、最初は、私がホームページを自作していた。

こうして体裁を整えれば、取引をするときにも信用してもらえるし、自分自身も一国の主になったようで、モチベーションも上がってくるだろう。

■起業するなら1人でやりなさい

会社を立ち上げることは良いことだが、友人と一緒に会社を始めるのだけは絶対にやめたほうがいい。成功例を見たことがほとんどないからだ。

かつてのソニーの井深大《いぶかまさる》さんと盛田昭夫《もりたあきお》さんのように、片方がものづくりを担当し、片方が営業や経営全般を担当、と完全に役割分担ができているなら良いが、そうでないと、必ず意見の衝突が起き、立ち行かなくなる。気付いたら会社を乗っ取られたり、仮にビジネスが成功しても資金を持ち逃げされるリスクがある。

だいたい、複数人で起業しようとするのは自信のない証拠である。もしくは責任を取りたくないかのどちらかだ。要は、もしものときに、自分が腹をくるという覚悟がないのだ。それでは上手くいくわけがない。

私の会社はベンチャーキャピタルをしているが、複数人で起業した会社には絶対に投資をしない。話があっても即却下だ。

もちろん、スモールビジネスを1人で始めて、しばらくして、人手が足りずに仕方なく友人を誘うケースもあるだろう。その場合も、役員にしないで完全に部下にするほうがよい。イーブンの関係では、やはり取り分で揉めてうまくいかなくなる。

ちなみにインスパイアも友人は雇ったことがない。唯一の例外は、ロッテリアの元社長だった篠崎真吾《しのざきしんご》氏である。

ベンキャーキャピタルだから、公認会計士の監査法人を入れないと話にならない。そこで、立ち上げ前に、マイクロソフト時代に財務部長だった篠崎氏を1年限定で雇ったのだ。その後リヴァンプに行った篠崎氏は、2006年に経営が低迷していたロッテリアに、玉塚元一《たまつかげんいち》氏とともに送り込まれ、見事に経営を立て直した。

普通、企業の財務や監査法人で働く公認会計士が、いきなり経営支援の仕事に就くことはありえない。一度でもベンチャーキャピタルで働き、お金の動かし方を体得するキャリアステップがセオリーである。そのステップにインスパイアを選んでくれたのだから、光栄である。

■「何が何でも売る」という意識で商売する

これは起業に限ったことではないが、モノを売る会社である以上、売り上げ至上主義を貫いたほうが絶対にうまくいく。

「マーケティングを重視しよう」「社員を上手く使う」などという意識をもった瞬間に、失敗するのは目に見えている。

「モノを売る」というマインドがその会社のすべてなのだから、そこに全神経を注ぐべきだ。何が何でも売ってやるという精神こそ必要であり、「よろしければ買ってください」ではなく、「買ってもらわないと困ります！」と無理やり買わせるぐらいの熱意がないと、この時代モノなど買ってくれないと思ったほうがいい。

「地域のために尽くします」という宣言も白々しく聞こえるので避けたほうが無難だ。考えてみてほしい。「アイラブ・ＮＹ」「ケアンズと共に」などというスローガンを掲げる海外の有名ブランドがどこにあるだろうか。

「〇〇のために頑張っています」と大々的にパンフレットでアピールする会社ほど、胡《う》散臭《さんくさ》いと思ってしまう。

■サイドビジネスの種は家族や恋人と出掛けながら見つける

「成毛さんは、どうしてすぐにビジネスのアイデアを思いつくのか」と質問を受けることが多い。私自身まったく意識していないのだが、おそらくどんなことをしていても、何かビジネスの種は落ちてないか、まじまじと観察しているからであろう。

かつてマイクロソフトの社長だったころ、銀座の裏通りの間口を借りて、大皿だけを扱う瀬戸物屋を営もうと考えたことがある。小皿はあえて並べずに、真っ白い壁に白木の棚を取り付けて、瀬戸焼から九谷《くたに》焼、益子《ましこ》焼など全国各地の大皿を100枚ほど飾るのだ。店名も「大皿屋」に決めていた。

大皿専門の瀬戸物屋は意外にない。しかも場所は銀座である。外国人も多く訪れるだろうし、いま開業しても繁盛店にする自信がある。

もともと焼き物に詳しいわけではないのに、なぜそう言えるか。

以前、女房に付き合って瀬戸物屋を訪れたとき、大皿のスペースだけが少ないことに気付いた。どの店もあまり大皿を扱っていないのだ。

一方で、銀座界隈の料亭に並ぶのは、おばんざいなどを盛り付ける大皿ばかり。需要に対し供給量が絶対的に少ない。

それなのに誰も商売をやっていないのだから、大成功するに決まっている。何より、自分自身がほしいのだから、仮に上手くいかなくてもいっさい構わない。

ビジネスの種はそこらじゅうに落ちている。普段から漫然とモノを見るのではなく、「このサービスはまだ誰もやっていないな」「何かと組み合わせたらイケるかもしれない」と、ぼんやりとでもいいから想像を膨らませ、世の中を眺めることが大事だ。

家族や恋人と出掛けるときこそ絶好のチャンスである。１人だったら行かないカフェや雑貨屋に付いていけば、何かビジネスのヒントが得られるかもしれない。間違っても、面倒だと思ってスマホでゲームなどしていないように。

■自分から情報発信しないと、何も得られない

サイドビジネスのヒントを得るには、人と会って話すことも重要だ。

私も、自分で主宰している交流会のようなものがあるのだが、その場で多種多様な人と話すことで、さまざまなヒントを得ている。自分一人で考えても、サイドビジネスの糸口が見つからないというのであれば、交流会などに参加するのも、一つの手だろう。

ただし、そうした会で良い情報を得たいなら、相手にばかり情報を求めないよう、気を付けたほうがいい。それではセミナー信者と変わらないし、自分のメリットしか考えない人は嫌われるからだ。

私の会でも、「学ばせてください」などと言う人はすべて断っている。情報を求めるだけの人ばかりになると、会がつまらなくなる。

良い情報を得たいなら、まず、自分の情報を惜しみなく提供する姿勢が大切だ。すると、相手も自分の情報を提供しようという気になるので、ほしがらなくても情報が自然と手に入るようになる。

「自分は大した情報をもっていない」と思っている人は多いようだが、気付いていないだけで、じつは誰でも、異業種の人が聞くと面白い話をたくさんもっているものだ。

たとえば、ルートセールスの人なら、「いま何が売れているのか」「陳列などどんな工夫をすれば売れるのか」という話をすれば、業界のことをまったく知らない人たちから、尊敬のまなざしを向けられるだろう。

このように自ら情報発信すると、相手が思いのほか、面白がってくれる。それを積み重ねていると、どんな話がウケるかが次第にわかってくる。ついでにユーザー視点も学べ、アナログのマーケティングも知らないうちにできてしまう。

積極的な情報提供は、一石二鳥どころではないリターンが期待できるのだ。

第6章

自分を縛りつける「壁」を壊して、賢く生きろ

■旧来の価値観や固定観念が、あなたの可能性を狭めている

ここまで、ミドルエイジがいまの仕事以外でも稼ぎ続けるための方法について話してきたが、私が伝えたい共通のメッセージは、次の一言に集約できる。

それは、「旧来の価値観や固定観念に囚《とら》われて、自分を不幸にしていないか」ということだ。

「地方の中小企業に転職する」「東南アジアの企業に転職する」「仕事に全力投球するのをやめ、その分の時間とコストを趣味に費やす」……。

これまで述べてきたアドバイスは、いずれも、「東京の大企業が一番」「先進国が一番暮らしやすい」「目の前の仕事は一生懸命やり遂げなければならない」という旧来の価値観の逆をいくものだ。

古い価値観を大切にするのは自由だが、それに縛られると、思考停止に陥り、自分の可能性を狭めてしまう。それだけならまだしも、長い年月をかけて、会社や学校で古い価値観や偏った固定観念にがんじがらめになっていることに気付かない人も少なくない。

自分自身を縛り付ける価値観や固定観念は、たくさんある。ここでいくつか挙げておくので、その存在に気付き、捨て去ってほしい。

■持ち家はいますぐ売ってしまえ

私が一刻も早く捨てたほうが良いと思うのは「持ち家信仰」だ。

「家をもってこそ一人前」。そんな昔ながらの考え方があるからか、迷うことなく何千万円ものローンを組んで、マイホームを購入した人は多いのではないかと思う。

そんな人に、私はこんなアドバイスを送りたい。

「持ち家など、いますぐ売ってしまえ」と。

べつにもっていたっていいじゃないか、と反論されるだろうが、私が持ち家を否定する理由はいたって単純だ。

夢のマイホームだったはずのその家が、将来、あなたや家族の足を引っ張る可能性が高いからだ。

とくに、ミドルエイジで20年、30年もの住宅ローンを組み、定年後まで払い続けなければならない人は、一刻も早く家を売ってしまったほうがいい。

第1章で述べたように、いまの40代が60歳を超えるころには社会保険制度が崩壊するから、医療や介護にかかる費用がべらぼうに高くなる。また、国の財政難をカバーするために、税金も上がる可能性が高く、おそらく消費税は現在の倍以上、20%を超えてもまったく不思議ではない。むしろそれで済めば上出来だろう。

つまり、ミドルエイジの老後は想像以上に生活にお金がかかる。

その時に、ローンの支払いが残っていると、さらに自分の首を締めることになりかねない。

さらに、一軒家の場合は、30年も経てば、あちこちガタがくるので、修繕費が数百万円単位で飛んでいく。流行のタワーマンションだって、古くなるほど修繕積立金は高くなる。新築時は月1万円台でも、30年も経ったら2万円~3万円台になることは珍しくない。もちろん、固定資産税も毎年発生する。

その点、賃貸なら、こういった諸費用は発生しない。生活が苦しくなれば、安い家賃の家に引っ越せばいいだけだ。

■「マンションはいまが買い」に騙されるな

そういうと、「仮に収入が減って、ローンの支払いが厳しくなったら、そのときに、持ち家を売って、安い家を借りればいい。何も、いま売る必要はない」と考えるかもしれないが、残念ながら、10～20年後には、大半の家は売れなくなる。

人口減少によって、家が余りに余っているからだ。いまでも、少し郊外に行くと空き家だらけだというのに、都心では相変わらずマンションの建設ラッシュが続いているので、中古住宅は間違いなく供給過剰になる。しかも、労働人口が半分を切り、買い手が少なくなるから、よほど良い条件の家でない限り、売れることはない。

仮に売れたとしても、期待しているより低い値段でしか売れないのは確実だ。いまだ都心では不動産が高騰しているが、東京五輪が終われば、東京ですら、不動産価格が下がっていくのは確実視されている。日本全国、不動産は安くなる一方だ。

最近は、金融機関が「リバースモーゲージ」という一種のローンを提供するようになった。これは、高齢者が自宅を担保に、生前にお金を借りられるというもので、夫婦ともに亡くなったらその自宅を金融機関が売却することで返済する仕組みだが、これだって、不動産価格が下がれば、借りられるお金が減ったり、そもそも審査が通らなかったりするだろう。

そうこうしているうちに、貯金が底をつき、夫婦どちらかが要介護状態になれば、地獄が待っている。自分は大丈夫だと思っている人ほど要注意だ。

「持ち家は資産」などというが、資産どころか、負債なのである。

「お金持ちは自宅だけでなく、賃貸用のアパートやマンションなどももっている。やはり不動産はもっていたほうが得なのではないか？」という人がいるが、これは資産を増やすためというより、税金対策のためという意味合いが強い。現在の税法では、現金などでもっているより、不動産のほうが、相続税が安く済むからだ。

これはあくまで富裕層に限った話なので、一般家庭は不動産で税金対策など考える必要はないだろう。

■年をとると、広い家が苦痛になる

持ち家を売ってしまえば、賃貸住宅に暮らすことになる。

持ち家派は、「一生、高い家賃を払い続けるのはもったいない。やっぱり買ってしまったほうが得」と考えるかもしれないが、心配は要らない。20～30年後には、家が余りに余るので、いまよりも大幅に安く家を借りられる。

孤独死などのリスクから、高齢者には部屋を貸さないという大家がいるが、20～30年後にはそんなことを言っていたら借り手が見つからなくなるので、簡単に借りられるようになるだろう。もっとも、そのころには、シェアリングサービスが普及していて、システムがＡＩ化するので、人間に口うるさく言われることもないと思うが。

賃貸の長所は、その時々のライフスタイルに合わせて、最適な広さの家に住み替えられることだ。

子どもがいるときは３ＬＤＫ、４ＬＤＫという広い家が必要かもしれないが、子どもが家を出て夫婦2人だけの生活になると、広い家は途端に持て余すようになる。掃除するのも一苦労だし、階段のある家なら上がるのがおっくうになる。そうなると、1LDK程度の小さなマンションに移り住みたくなる。

私の実家も、札幌の3LDKのマンションなのだが、母が亡くなった途端、80歳を越えた父が「とにかく小さい部屋に移り住みたい」と言い始めた。掃除はやっていられないし、過去の遺物みたいなものがたくさんありすぎて気持ち悪い。できれば裸一貫でどこかに移りたいという。賃貸ならこのようなニーズの変化に、簡単に対応できる。

普通の賃貸用物件に住んでも良いが、知恵をつかえば、安くて良い家に住むことができる。狙い目は、東京都心の築40〜50年のオフィスビル。具体的には、秋葉原から近い岩本町などに、抜け殻のようなオフィスビルがある。ここを借りたうえで、自分の好きなデザインにリノベーションすれば、安くて自分好みの家に住める。

■どうしても持ち家がいいという人は郊外へ

以上のように考えていくと、「持ち家をもつのは得策ではない」ということに気付くだろう。

第2章や第3章で、地方や海外に行く話をしたが、下手にマイホームを買ってしまうと、そういう選択肢が狭まることも、持ち家のデメリットだ。

マイホームがあると、他の地域の企業に転職しようとしても、妻や子どもはいまの家から離れたくないと言い出すことがある。自分だけ家族と離れて単身赴任はしたくない。そもそも、多額の住宅ローンを抱えて、人生の賭けをするのは、家族に申し訳ない……。こうした理屈で、地方や海外への転職を断念しているのではないかと思う。

それはあまりにももったいないことだ。

ここまで言っても、「持ち家がないと、どうしても不安」というなら、多額のローンを借りなくても買えるような、激安の家を郊外で探すことだ。

もし私が、限られた予算で、いまから東京に家を買うとしたら、郊外のニュータウンのマンションを中古で安く買う。全面的にリノベーションすれば、新築とほとんど変わらなくなるし、それでもまだ都心の新築より安く済むはずだ。

内装を凝った造りにすれば、売却の際にも高く売れるだろう。高齢者にとって、インテリアや家具を一から購入するのは面倒で煩わしい作業だ。購入時にすべて揃っている家は、それだけで付加価値が上がる。ニュータウンはいまや高齢者だらけになっているが、自分も高齢者になってしまえば、大して気にならなくなるはずだ。

ちなみに車も同様に買わないほうがいい。車がないと生活できないようなところに住んでいるなら仕方がないが、交通網が隅々まではりめぐらされている都心に住んでいる人にとっては、車は不要だろう。お金のムダだからだ。自動車税は高いし、駐車場代も高い。ガソリン代や保険代も含めれば、年間数十万円の出費になる。

どうしても使いたいときは、レンタカーやカーシェアを利用すればいい。

■フツーの人でも、クルーズ船で暮らせる

賃貸暮らしのメリットは、その時々のライフスタイルに合わせて、最適な家に住み替えられること、と話したが、極端な話、将来は賃貸マンションを引き払って、豪華なクルーズ船に住むことだってできる。

そんなことはお金持ちだけしかできないし、一般市民には高嶺の花だと思っているかもしれないが、意外とそうでもない。「飛鳥Ⅱ」などの日本のクルーズ船がとんでもなく高いだけで、ロイヤル・カリビアン・クルーズやプリンセス・クルーズといった海外のクルーズ会社の豪華客船はすごく安いのだ。

私も一度、日本の「飛鳥」に乗ったことがあるのだが、金額は業界標準の3倍ぐらい高いわりに、クオリティは平均の3分の1程度だと感じた。日本語が話せるスタッフがいるだけで、一般的なクルーズ船の10分の1ぐらいしか価値がないものに、皆よく乗るなと思ったほどだ。

一方、ロイヤル・カリビアン・クルーズやプリンセス・クルーズはどうかというと、

3カ月かけて世界一周するとして、最も安い部屋で1日120~130ドル。つまり、現在のドル円相場で換算すれば、1日1万5000円。1カ月あたり、45万円といったところだ。

1日1万5000円のなかには、朝昼晩3食が含まれるし、アルコール以外の飲み物もすべて無料。ベッドメイキングも毎日サービスでやってもらえるし、洗濯も無料のランドリーを利用できる。調子が悪くなったら、フロントにコールをすれば、すぐに船医に診てもらえる。衛星放送でテレビを見ることも可能。船内で開催される「ブロードウェイ・ミュージカル」など、お金を払ってもいいくらいだ。つまり、1日1万5000円払えば、ほかの出費はほとんどかからないのである。

快適な暮らしが送れるなら高くないということで、いま住んでいる家を売り払って、すべてキャッシュにしたうえで、何年もクルーズ船に住んでいる人は少なくない。2年、3年は当たり前、5000日住んでいる人もいるほどだ。高額の飛鳥ですら、長期滞在者はたくさんいて、最高で3000日乗っている女性がいた。

何年も住むほどのお金はなくても、住宅ローンの負担がなければ、数カ月ぐらいクルーズ船に住むことも現実味を帯びてくる。持ち物を減らせば、それだけ自由で柔軟な生き方が可能なのである。

■東大、早慶なんてめざすな。塾なんて行かせなくていい

「自分の子どもを偏差値の高い大学に進学させれば、将来安泰だ」

このような「高学歴信仰」もまた、大半の日本人が多かれ少なかれ抱いているものだろう。「自分の子は学歴社会なんかに負けない、もっと大きなスケールの子にのびのび育てたい」なんて言っている人も、周囲の子どもが進学塾に通い出すと、急に不安になって塾に通わせているのではないか。

しかし、はっきりいって、進学塾にお金と時間をかけるのはムダである。第一、東大や早慶など、日本のトップ校と呼ばれる大学に進学しても、将来が安泰ではないからだ。

たしかに、これらの大学に進学すれば将来が保証された時代はあったが、それは高度成長期までの話にすぎない。イノベーションを起こせるような人材が求められている昨

今は、それらの学歴は武器にはならないのだ。多少は良い会社に就職できるかもしれないが、就職後の人生にはほとんど影響しないといっていい。

そう考えると、小学生のころから週4日も5日も塾に通わせて、苦労して合格するほどの価値があるかというと、はなはだ疑問である。

私の周囲には、東大卒の人が何人もいるが、自分の子どもを東大に行かせようとしている人をほとんど見たことがない。それは苦労して東大に行っても意味がない、とわかっているからだろう。

それに、中学時代に何をしていたかと尋ねられて、「毎日、塾に行っていました」と答える人と、誰が一緒に仕事をしたいと思うだろうか。私は友人でもお断りだ。

ちなみに私は、自分の娘を塾に通わせなかった。家庭教師もつけていないし、通信教育もやらせていないし、私が家で教えたわけでもない。勉強するのは学校だけだ。塾に行かなかったので、いわゆるトップ大学には進学しなかったが、楽しい学生時代を送っていたし、就職も大手の総合商社に内定した。いまは「商社の仕事はイケていない」と言って退職し、別の道にチャレンジしているが、いまのところ、子育ての方針は間違っていなかったと思っている。

■「地方は教育レベルが低い」はただの思い込み

第2章で「地方の企業に転職する」ことをすすめたが、地方移住に難色を示すご家庭もあるだろう。その理由に、「地方に行くと、教育レベルが下がるので、子どもの教育が心配」ということがあると思う。

その「教育レベル」という言葉をもう少しひもとくと、「都会には難関校を受けるための進学塾がたくさんあるのに、地方には選択肢が少ない」ということだと思うが、必ずしも進学塾に行く必要はないことがわかれば、その心配が杞憂《きゆう》であることに納得するだろう。

そもそも、日本を代表する企業の経営者や政治家、事務次官などの出身地を、一度調べてみるといい。東京出身者などほとんどいないことがわかるはずだ。「地方は教育レベルが低い」などというのは、ただの思い込みにすぎないのである。

子どもの教育には、むしろ勉強以外のことにお金をかけるべきだと私は思う。

たとえば、2020年度からプログラミングが小学校で必修化されるが、義務教育の初歩的なものではなく、もっと高度なプログラミングを習わせてもいいだろう。

もしゲーム好きなら、徹底的にやらせたほうが、eスポーツ（電子機器を用いて行なうスポーツ競技）などのプロになる道が拓けるかもしれない。

あるいは、わが子が自分に秘められた隠れた才能を見つけ出せるよう、何らかの音楽や芸術、スポーツなどにどんどん挑戦してもらうのも良い。

子どもがだいぶ大きくなったなら、若いうちに海外に留学させて見聞を広めるほうが、よほど意味がある。

そう考えると、東京と地方の教育レベルを比較すること自体がナンセンスなのは明白だ。

■「大企業病」を患っているかどうかはメールでわかる

「失われた20年」から平成にかけて、日本は「大企業」だらけになったように思う。規模で見れば大企業に分類されなくても、業界トップの企業はほぼ大企業と見なしていいだろう。

そういう大企業をありがたがる「大企業信仰」もいまだ健在だが、やはりいますぐ捨て去ったほうがいい。

大企業に居続けると、妙なかたくるしさだけは超一流並みに身に付く。要は、自分たちは大企業に勤めているのだから、「○○しなければいけない」という決まりや、不要なポリシーを強要されるようになるのだ。

「トップに進言する際は、上司を通すこと」「メールの冒頭に『いつもお世話になっております』を必ず付記すること」などは典型だろう。

こうしたことをベンチャー企業が徹底し始めたら要注意だ。「大企業病」に罹患《りかん》してしまった可能性が高い。いうまでもなく、こういう会社のスタイルに付き合っていたら、仕事が一向に進まない。いまのご時世、ビジネスパートナーの生産性を低下させるような仕事をしていたら、早晩、どこからも相手にされなくなるだろう。

中堅・中小企業、あるいは大企業でも、いい意味で適当な会社は、勢いとスピードがあって、付き合うにしても楽しい社員が多い。メールの文書も「いつもお世話になっております」などと余計なことを書いていないから、こちらも気軽に返信できる。

これから就職・転職を考えている人は、採用担当者との「メールのやりとり」で企業体質を見極めるのも一つの手かもしれない。

■普段は身の丈に合った生活を心掛ける

それでも大企業に勤めたいという人は、一種のブランドとして会社を見定めているのではないか。

幼いころから、有名なブランドバッグや、財布、アクセサリーを身に着けてきた人なら、そういう傾向もあるだろうし、それをいまさら改めよとは言わない。

ただこれだけ情報量が増え、収入格差も拡大している日本で、物事の価値をブランドだけで決めるのでは、生きていくだけで疲れるだろう。何よりお金が掛かる。

ミシュランの星が付いたレストランに通うのも、経験として自分に還元されるだろうし、たまに贅沢《ぜいたく》するのはけっして悪いことではない。その代わり、普段は身の丈に合った生活を心掛けたほうが幸せではないか、とこの歳になって思い至った。

幸いにして、日本には安くておいしいものが揃っている。ファミレスやコンビニのコスパの高さには目を瞠るものがあるし、バカに高いベルギーのチョコレートより、スーパーで安売りしているチョコレートのほうが、ウイスキーに合ったりする。

最近では、高級ワインのうんちくを垂れるよりも、各メーカーの酎ハイを飲み比べた話をするほうが、仲間内ではよっぽど盛り上がる。

すでに地位の高い人から先に、ブランド志向に囚われることなく、庶民的なもの、身近なものに幸せを感じている人は多いのではないだろうか。

■「大手金融・証券」「国」をありがたがるな

さて、老後に野垂れ死にしないためには、老後の資金を確保しておかなければならないということを、この本で再三にわたり話してきた。

そのためには、老後になっても働き続けられる自分でいることも必要だが、60歳を過ぎてもずっと働き続けなければならないというのは、やはり辛い。そうならないためには、現役時代にお金を貯めておくとともに、そのお金を運用することが大切だ。

しかし、日本人は「お金の運用」に関して、まだまだリテラシーが足りないと思う。

私が違和感を覚えるのは、「大手金融・証券」や「国」をありがたがる人の多さだ。「自分の資金を守るには、メガバンクや国が良い。最も信用できる」。このように考える人が資産運用先として選ぶのは、メガバンクの定期預金や、個人向け国債だ。しかし、これらに投資したところでほとんど増えることはない。にもかかわらず、なんとなく安心だから、と思考を停止して、これらに投資するわけだ。

また、少し攻める人は、株式投資をするが、「知っている会社だから安心だ」ということで、日本企業のなかから銘柄を選ぼうとする。しかし、日本市場が縮小していくことが確実ななか、グローバルで成功しない限り、日本企業は伸びていかない。大半の企業が落ちぶれていく可能性が高く、老後の資金を蓄えるための長期投資先としてはきわめて不安定だ。

もし、私がミドルエイジなら迷わず「中国企業の株」を買うだろう。理由は、世界の企業のなかで最も安全だと思われるからだ。第3章でも話したように、中国市場は10年後、20年後も成長しているのが確実なのだから、まともな企業ならば倒産は考えにくい。アメリカのゴールドマン・サックスなどの株よりもよほど安全だろう。

「中国はいい加減な国だから、成長には疑問符がつく」というのは、古い固定観念にしばられている証拠だ。

もちろん、個別銘柄には不透明な部分もあるが、中国株式を組み込んだ投資信託のなかで、できるだけ信託報酬が安いものを買っておけば、無難だろう。

以上話してきた、持ち家、学歴、資産運用について、あなたも、一度は自身の価値観を見直してみるといいだろう。すると、どうでもいいことに囚われていることに必ず気付くはずだ。その呪縛《じゅばく》から自分を解き放つことができれば、人生に明るい展望が開けてくることは間違いない。何より、生きることがラクチンになるはずだ。

おわりに

幸いといってはなんだが、今後の日本には明るい材料もある。それは、日本の高度経済成長を支えてきた60~80代の大企業経営者たちが、ビジネスの世界から引退することだ。

彼らが馬車馬のように働いてくれたおかげで、いまの日本があることは間違いないのだが、官庁の顔色を見ながら仕事をしてきたことで、自分たちまで官僚組織のような風通しの悪い組織にしてしまい、現場から創造性とスピード感を奪ってしまった。そんな経営者たちが退場すれば、日本企業の体質も変わり、少しは働きやすくなるかもしれない。

ただ、自分が働く会社の変化を待っていては、自分の運命を他人に決めてもらうことになる。じっと待ち続けた結果、定年を迎えてしまう可能性は低くない。

幸運を待つか、自分で切り拓くか、どちらの道を選ぶかはあなた次第だ。

ここまで、将来、路頭に迷わないためには、何をすればよいのか。さまざまな角度から提案をしてきた。

これからの日本が厳しい時代に突入することは誰が見ても明らかだが、その運命を嘆くのではなく、いまのうちから打開する手立てを打っておけば、楽しく生きられる未来を創りだせるとおわかりいただけたのではないかと思う。

もっとも、明るい未来があるとわかり、「これなら何とかなりそうだ」と安心してはいけない。ビジネス書を読んで満足する人は少なくないが、行動に移さなければ、何も始まらないのだ。

海外への転職サイトをのぞいてみるのもよし、盆栽を一つ買ってくることでもよいので、まずは第一歩を踏み出していただきたい。

最後に、この本を執筆するにあたり、企画と編集を担当いただいたＰＨＰ研究所ビジネス出版課の大隅元さん、雑誌連載を担当いただいたＴＨＥ21編集部の野牧峻さん、オフィス解体新書の杉山直隆さんにはたいへんお世話になった。この場を借りて、感謝を述べたい。

平成30年8月吉日

成毛　眞

PHP
Business Shinsho

成毛 眞(なるけ・まこと)

1955年、北海道生まれ。79年、中央大学商学部卒。自動車メーカー、アスキーなどを経て、86年、日本マイクロソフト㈱に入社。91年、同社代表取締役社長に。2000年に退社後、投資コンサルティング会社㈱インスパイアを設立、代表取締役社長に就任。08年、取締役ファウンダーに。10年、書評サイト「HONZ」を開設、代表を務める。早稲田大学ビジネススクール客員教授。

主な著書に、『面白い本』(岩波新書)、『大人はもっと遊びなさい』(PHPビジネス新書)、『黄金のアウトプット術』(ポプラ新書)などがある。

編集協力……杉山直隆(オフィス解体新書)
本文デザイン・DTP……桜井勝志(アミークス)
カバー写真……永井 浩

PHPビジネス新書 399

定年まで待つな!
一生稼げる逆転のキャリア戦略

2018年10月2日 第1版第1刷発行
2018年12月3日 第1版第4刷発行

著者 成毛 眞
発行者 後藤淳一
発行所 株式会社PHP研究所
東京本部 〒135-8137 江東区豊洲5-6-52
第二制作部ビジネス出版課 ☎03-3520-9619(編集)
普及部 ☎03-3520-9630(販売)
京都本部 〒601-8411 京都市南区西九条北ノ内町11
PHP INTERFACE https://www.php.co.jp/
装幀 齋藤 稔(株式会社ジーラム)
印刷所 共同印刷株式会社
製本所 東京美術紙工協業組合

 ISBN978-4-569-84138-0

「ＰＨＰビジネス新書」発刊にあたって

わからないことがあったら「インターネット」で何でも一発で調べられる時代。本という形でビジネスの知識を提供することに何の意味があるのか……その一つの答えとして「**血の通った実務書**」というコンセプトを提案させていただくのが本シリーズです。

経営知識やスキルといった、誰が語っても同じに思えるものでも、ビジネス界の第一線で活躍する人の語る言葉には、独特の迫力があります。そんな、「**現場を知る人が本音で語る**」知識を、ビジネスのあらゆる分野においてご提供していきたいと思っております。

本シリーズのシンボルマークは、理屈よりも実用性を重んじた古代ローマ人のイメージです。彼らが残した知識のように、本書の内容が永きにわたって皆様のビジネスのお役に立ち続けることを願っております。

二〇〇六年四月

ＰＨＰ研究所